Robert Muller

Planet der Hoffnung

Robert Muller

Planet der Hoffnung

Wege zur Weltgemeinschaft

DREI EICHEN VERLAG

Titel der Original-Ausgabe:
»Planet of Hope«

Original-Verlag:
WORLD HAPPINESS & COOPERATION
P.O.Box 1153, Anacortes/WA. 98221
USA

Die Deutsche Bibliothek – CIP-Einheitsaufnahme

Muller, Robert:
Planet der Hoffnung / Robert Muller. – 2. Aufl., 1. Aufl. der
DEV-Ausg., 1.–4. Tsd. – Ergolding: Drei-Eichen-Verl., 1993
(Politik und Spiritualität)
Einheitssacht.: Planet of hope < dt. >
ISBN 3-7699-0542-3

ISBN 3-7699-0542-3
Verlagsnummer 542

Umschlagbild: Mitchell Funk, The Imagebank, München
Umschlaggestaltung: Tajuna

Gesamtherstellung: Ebner Ulm

INHALT

Für

Dag Hammarskjöld,

der mit seinen *Zeichen am Weg*
die Welt inspirierte.

VORWORT

Es ist mir eine große Ehre, als Herausgeber am Erscheinen dieses Buches mitgewirkt zu haben, doch als eine besondere Auszeichnung und Ehre betrachte ich es, den Autor Robert Muller einen Freund nennen zu dürfen. Wie der Name bereits andeutet, hat sich das Verlagsprogramm von Amity House die Entstehung von Freundschaften zur Aufgabe gemacht; Freundschaften zwischen verschiedenen Nationen, Rassen, Kulturen, Weltanschauungen und Religionen, denen – im Interesse unserer Erde und all ihrer Völker – unsere gemeinsame Sorge und ungeteilte Aufmerksamkeit gelten sollte.

Dies ist kein sozioökologisches oder politisches Buch über den Planeten Erde; vielmehr ist es ein – im philosophischen Sinne – »planetarisches« bzw. globales Buch. Ganz bestimmt ist es auch kein Buch, das Anleitungen geben will, wie wir zu Weltbürgern werden. Es ist ein Buch, das unsere Hoffnung darin entdeckt, einfach nur das zu sein, was wir bereits sind: gute menschliche Wesen – unbestritten Kinder Gottes, doch ebenso auch Kinder dieser Erde.

Robert Muller ist – und davon bin ich überzeugt – ein neuer Mensch, für ein neues Zeitalter. Denn er besitzt

Hoffnung und ein globales Bewußtsein in einer Welt, in der es zu viele Nein-Sager gibt, die durchaus intelligent sein mögen, denen aber der Funke der Begeisterung fehlt, ohne den auch die besten Ideen keine Früchte tragen. Jean Houston, die bekannte Seelenforscherin und Verfechterin eines im Entstehen begriffenen globalen Bewußtseins, nennt Robert Muller »den Mann des 21. Jahrhunderts«. Sie setzt dabei voraus, daß die Menschheit einer Wandlung unterworfen ist und daß es überhaupt ein 21. Jahrhundert geben wird. Ungeachtet der drohenden Gefahr des atomaren Holocaust läßt uns die Begegnung mit einem Menschen wie Robert Muller die Möglichkeiten des wahrhaft Menschlichen erahnen. Freigiebig läßt er andere an seiner ursprünglichen und unverfälschten Energie, seinem umfassenden Wissen und seiner Ehrfurcht vor dem Leben teilhaben; eine Haltung, die von einer Verbindung mit dem letztlich geheimnisvollen Urquell des Lebens und des Glücks zeugt.

Die biographischen Daten Robert Mullers sagen nur wenig über seine Person aus. Es ist richtig, daß er stellvertretender Generalsekretär der Vereinten Nationen ist, als der er für die Koordination der 32 verschiedenen Abteilungen und der weltweiten Hilfsprogramme der UNO verantwortlich ist. Richtig ist auch, daß er mit der Organisation der Feiern zum vierzigjährigen Bestehen der Vereinten Nationen betraut ist. Ja – er wurde in Elsaß-Lothringen geboren und war während des 2. Weltkriegs Mitglied der französischen Widerstandsbewegung. Ja – er und seine wundervolle Frau Margarita (eine ehemalige chilenische Diplomatin und UN-Delegierte) können stolz auf ihre prächtige Familie sein. Ja – er arbeitet seit deren Gründung für die Vereinten Nationen und war ein enger Freund und Berater Dag Hammarskjölds, U Thants und anderer führender Politiker der UN. Robert Muller ist ein Mensch, den man gerne um sich hat, denn in seiner Gegenwart fühlte man sich inspiriert von seinem durchaus realen Optimismus und von seinem Bewußt-Sein, das die Dinge stets von einer globalen Perspektive aus betrachtet.

In dem vorliegenden Buch stellt Robert Muller dem Leser eine Anthologie von Aphorismen vor, die er als paradigmatische und axiomatische Gedanken während der Meditation oder während seiner Arbeit festhielt. Es sind dies nicht nur literarische oder intellektuelle Fragmente; seine Gedanken sind tiefer und feinsinniger. Darüber hinaus besitzen sie eine erzählerische Qualität, denn Robert Mullers Stärke liegt in zwischenmenschlichen Beziehungen; deshalb entsteht auch nie der Eindruck, er doziere, man glaubt vielmehr, einem Gespräch zu lauschen.

Dag Hammarskjöld sagte einmal: »Gott stirbt nicht an dem Tag, an dem wir aufhören, an einen persönlichen Gott zu glauben. Doch wir werden an dem Tag sterben, an dem unser Leben nicht länger von einem alle menschliche Vernunft übersteigenden Wunder erleuchtet wird.« Das vorliegende Buch befaßt sich nicht nur mit der menschlichen Vernunft, sondern auch mit dem Glauben –

mit dem Wunder des Glaubens. Es erzählt nicht nur davon, es nimmt teil an dem wunderbaren Geschenk des Lebens. Es besitzt die visionäre Kraft und den Weitblick, ohne die wir zugrunde gehen würden.

Richard Payne, Herausgeber,
Direktor des Amity-House-Verlags

LEBENSSPANNE

Die folgenden Worte Pablo Casals' haben mich mein
ganzes Leben lang begleitet:

»Das Kind muß sich dessen bewußt sein, daß es ein
Wunder ist, daß es weder seit Anbeginn der Welt,
noch bis zu ihrem Ende je ein zweites Kind wie es
selbst gegeben hat oder geben wird. Es ist ein einzig-
artiges Wesen,
einzigartig vom Beginn der Welt bis zu ihrem Ende.
Und nun, da das Kind Verantwortung übernimmt:
›Ja, es ist wahr, ich bin ein Wunder –
ein Wunder, wie ein Baum ein Wunder ist,
wie eine Blume ein Wunder ist.
Und wenn ich ein Wunder bin, kann ich da Böses
tun?
Ich kann es nicht, denn ich bin ein Wunder.‹«

* * *

Es kommt der Tag, da wird das Bevölkerungswachs-
tum so niedrig sein und das Leben so wertvoll,
daß die Menschen Gott danken werden,
geboren zu sein
und zu leben.

* * *

Es gilt mittlerweile als gesichert, daß Mangelernäh-
rung, Rauchen und Alkoholgenuß während der
Schwangerschaft Einfluß auf die Gesundheit und die
gesamte Zukunft des Kindes haben. Ist es da nicht
denkbar, daß sich die geistige und seelische Verfas-
sung der Mutter ebenfalls auf das Kind auswirken?
Deshalb müssen wir einer werdenden Mutter mit aller
Liebe, Rücksicht und Freude begegnen. Dies ist der
beste Weg, gesunde Kinder in die Welt zu setzen.
Eine glückliche Welt ist die Voraussetzung für den
Frieden. Ohne glückliche Kinder gibt es keine glückliche Welt. Und ohne glückliche Mütter gibt es keine
glücklichen Kinder.

* * *

Was ist das größte Kunstwerk auf Erden?
Ein gesundes, hübsches, wohlerzogenes und liebevol-
les Kind. Väter und Mütter sind die größten Künstler,
die es auf unserer Erde geben kann.
Eine glückliche, liebevolle Familie ist viel mehr wert,
als es ein Bild von Rembrandt oder Leonardo da
Vinci je sein kann.

* * *

Es ist die ständige und naturgegebene Aufgabe der Eltern, ihre Kinder zu unterrichten, zu ermahnen, zu be-
schützen, zu führen, zu unterstützen, sie zu ›erziehen‹
und aufs Leben vorzubereiten,
doch andererseits besitzen Kinder ihre eigenen Veran-
lagungen, Neigungen und Träume – und ihr eigenes
Wesen.
Das Ergebnis wird eine Mischung aus all diesen Fak-
toren sein; eine Synthese aus Vergangenheit, Gegenwart und Zukunft.
Auf diese Weise entwickelt sich die Menschheit weiter;
geprägt und geformt in jeder einzelnen der Hunderte
Millionen Familien der Welt.

* * *

Liebe Kinder und Jugendliche, vergeßt nie, daß ihr
die Verkörperung dessen seid, was eure Eltern zur
Evolution und zur Weiterentwicklung der Menschheit
beitragen.
Ihr seid ihre Möglichkeit, unsterblich zu sein.
Ihr seid ihre Freude und ihre große Aufgabe.
Ihr seid ihr Stolz, und euch werden ihre letzten Gedanken vor dem Tod gelten.
Vergeßt nie die Kette des Lebens, deren letztes Glied
ihr seid;
ebenso, wie ihr einmal der Anfang einer neuen Kette
des Lebens sein werdet.

* * *

Die Familie ist der heiligste Tempel auf Erden. In ihr
werden die allerheiligsten Handlungen vollzogen:
Liebe,
Geburt,
Zuneigung, Schutz und Erziehung.

* * *

Kinder müssen sehr früh lernen, wie wichtig es ist,
sich selbst und andere zu respektieren.
Konfuzius bezeichnete zu Recht Höflichkeit und Respekt als das Fundament von Familie und Gesellschaft.

* * *

Jemand hat einmal gesagt:
»Wir erziehen unsere Kinder nur vom Hals aufwärts.«
Wie recht er damit hatte!
Für welche Art von persönlicher Verwirklichung,
für welche Art von Verständnis,
für was für eine Welt bereiten die Schulen
unsere Kinder vor?
Diese Frage sollte sich jeder Erzieher stellen.

* * *

Das Leben ist göttlich. *Live is divine.*
Ich wünschte, dieser Spruch aus meiner Kindheit
würde in alle Sprachen übersetzt und zierte das Portal
jeder Schule.

* * *

Vielleicht existieren überhaupt keine Schranken zwischen uns und dem Universum, lediglich die, die wir selbst und die Gesellschaft errichten.
Als Kind konnte ich die Unermeßlichkeit und die Göttlichkeit des Lebens fühlen.
Dann trat der Einfluß der Gesellschaft in mein Leben und errichtete die Schranken:
Dir muß dies besser gefallen als jenes –
und so wurde meine Liebe zerteilt und zerschlagen.
Ein fehlender Aspekt der Erziehung:
Jedem Schüler die Unermeßlichkeit und die unerschöpfliche Vielfalt der Liebe näherzubringen.

* * *

In einer texanischen Schule wird den Kindern auf denkbar einfache Weise beigebracht, welches ihr Platz im Universum ist: Sie werden aufgefordert, die folgenden Fragen zu beantworten und dann ein Bild von ihrem Zuhause zu malen.
Ein Kind, das diese Übung einmal gemacht hat, wird sie sein ganzes Leben nicht vergessen:

Wo befinden wir uns?

Universum _____

Galaxis _____

Sonnensystem _____

Planet _____

Hemisphäre _____

Kontinent _____

Land _____

Staat _____

Stadt _____

Straße _____

Name _____

Du bist wahrhaftig ein Bürger des Universums!

* * *

Als ich ein Kind war, sprach ich wie ein Kind.
Als ich erwachsen wurde,
sprach ich nicht mehr wie ein Kind.
Als ich dann älter und weiser wurde,
sprach ich wieder wie ein Kind.
Hätte ich nur immer wie ein Kind gesprochen!

* * *

Gefragt, »was wünschst du dir am meisten, wenn du
erwachsen bist?«, antwortete ein kleines Mädchen:
»Am Leben zu sein.«

* * *

Kindern sollte die Gelegenheit gegeben werden, von
vielen Menschen zu lernen.
Jeder sollte ein Großvater, eine Großmutter,
ein Onkel, eine Tante, ein Bruder oder eine Schwe-
ster eines Kindes sein.

* * *

18

Alles wurde bereits gelebt,
alles wurde bereits gedacht,
alles wurde bereits geträumt,
alles wurde bereits gefühlt,
alles wurde bereits gesagt;

doch die hohe Kunst des Lebens ist es, alles noch einmal zu leben, noch einmal zu denken, noch einmal zu träumen, noch einmal zu fühlen und alles selbst noch einmal zu sagen.

* * *

Im Grunde genommen sind wir alle gleich:
Wir sind alle einzigartig und unersetzbar.
Darin liegt die Schönheit des Universums.

* * *

Was ist das Faszinierendste auf Erden?
Mein eigenes Dasein.
All die wahrnehmbaren Dinge sind nur insofern faszinierend, als ich sie als solches empfinde.
Mein eigenes Leben,
meine Tätigkeit,
meine Komplexität,
meine Fähigkeit zu lieben,
dies sind die faszinierendsten Dinge auf Erden:
Ich bin – ein Mikrokosmos des Universums.

* * *

Das Leben ist ein Kreislauf.
Wir werden geboren,
wir wachsen, wir vergehen,
wir kehren zur Mutter Erde zurück
und werden wiedergeboren.
Wie die Sterne des Himmels,
wie das endlose Universum selbst,
wie das kleinste Atom,
sind wir Teil eines Kreislaufs.
Es gibt weder Anfang noch Ende.
Nichts entsteht aus dem Nichts.
Es gibt weder Tod noch Leere.
Wir alle kommen von irgendwoher und gehen irgend-
wohin.

* * *

Jeder Tag ist ein neuer Tag.
Aber in Wirklichkeit hat der Tag kein Ende:
Ständig geht die Sonne auf
und weckt in steter Folge Menschen,
während sich die Erde um sich selbst dreht.
Ebenso ist es mit unserem Leben:
Es entfaltet sich unter dieser Sonne;
wir wachsen,
erblühen,
gelangen zur Reife,
schenken neues Leben
und werden wieder zu Staub –
auf einer unfaßbaren, endlosen kosmischen Reise.

* * *

Unser Leben ähnelt dem der Bäume:
Heftige Winde und Stürme machen uns stark, und unsere Wurzeln graben sich tiefer in die Erde.
Wir müssen aus jeder Widrigkeit des Schicksals gestärkt hervorgehen.

* * *

Ich bin einmalig und im Grunde immer der gleiche – von der Geburt bis zum Tode.
Und doch verändert mich jeder Mensch, dem ich begegne, ein wenig;
wie jedes Elementarteilchen auf seiner Bahn die des anderen verändert.

* * *

Wir müssen das Beste, das in jedem Menschen steckt, zur Entfaltung kommen lassen.
Welch ein Verlust, wäre Jesus ein Anwalt, Volkswirt oder Wissenschaftler geworden.

* * *

Es ist unendlich viel wichtiger, ein erfülltes, glückliches Leben zu führen, als eine hochgepriesene Position zu bekleiden.

* * *

Die Menschheit ist ein lebender Organismus, der aus menschlichen Wesen besteht – und nicht aus leblosen Regierungen und Institutionen.
Letztere sind lediglich die Diener des Lebens, und nicht das Leben selbst.

* * *

Der menschliche Organismus verliert ständig tote Zellen und produziert neue.
Mit der Menschheit ist es dasselbe:
Menschen sterben und werden durch neue Zellen – unsere Kinder – ersetzt,
und die Menschheit besteht fort, als *ein* lebender Organismus.
Wir müssen lernen, nützliche Zellen und Bestandteile dieses Organismus' zu sein.

* * *

Jeder Mensch trägt eine ganze Welt aus dem, was er gesehen und geliebt hat, mit sich herum.

* * *

In der Mitte des Lebens erscheint einem aller Ehrgeiz, jedes Bemühen und jede Überzeugung mit einem Mal so verworren, so unklar. Man fühlt sich verloren – wie in einem dunklen, undurchdringlichen Wald.
Der ganze Mensch sehnt sich nach Klarheit, nach freiem Horizont, nach den tieferen Wahrheiten des Lebens. Das ist der Beginn des königlichen Pfads der Erleuchtung und Weisheit.

Dann zielt auch der Pfeil des Lebens wieder zurück
auf die Träume der Kindheit.
Im Leben eines jeden von uns kommt die Zeit der
Wiedergeburt, wenn wir wieder zu der Einfachheit
und Erhabenheit der Kindheit zurückfinden müssen.

* * *

Ich bedaure zutiefst, daß die moderne Gesellschaft ir-
gendwann im Verlaufe meines Lebens die beiden
Schutzengel vertrieben hat, die ich während meiner
Kindheit hatte: Den strahlend weißen Engel zu meiner
Linken, der mir sagte, was gut und richtig ist, und den
dunklen, düsteren Engel zu meiner Rechten, der mir
sagte, was schlecht ist. Sie waren meine besten
Freunde, und sie halfen mir sehr. Als ich erwachsen
wurde, verlor ich den Glauben an sie, und sie verschwanden aus meinem Leben. Mit zunehmendem Alter vermißte ich sie so sehr, daß ich sie zurückrief. Sie
kamen unverzüglich, und ich erinnerte mich sogleich
auch wieder an das Gebet an den weißen Engel, das
mich meine Mutter lehrte:

»Engel Gottes, mein schützender Helfer in dieser Welt,
In dessen Fürsorge die Liebe des Herrn mich gestellt,
Sei an meiner Seite an diesem Tag,
Beschütz' und führ' mich auf meinem Pfad.«

* * *

Am Ende wird nur eine Frage zählen:
War mein Leben sinnvoll?
War es ein glückliches Leben?
Und da mein Leben aus vielen Tagen besteht,
muß ich mir diese Frage für jeden Tag stellen:
War es ein glücklicher Tag?
Jeden Tag richtig zu leben – darin liegt die höchste
Kunst.

* * *

Als ich ein Kind war, wollte ich den Himmel berüh-
ren. Diese Sehnsucht hat mich mein ganzes Leben begleitet.
Ein Maler hat Leinwand und Farben, um ein Kunstwerk zu schaffen.
Wir haben von Gott etwas unendlich Kostbareres erhalten: lebende Materie.
Es ist an uns, aus dieser lebenden, göttlichen, kosmischen Materie ein Kunstwerk zu erschaffen.

* * *

Die Menschen sind zukunftsorientiert:
Jeder bedauert, daß er in hundert Jahren nicht mehr
am Leben sein wird, doch keiner beklagt jemals, daß
er nicht vor hundert Jahren gelebt hat.
Oder könnte es sein, daß wir instinktiv wissen, daß
die Zukunft besser sein wird, als die Vergangenheit,
obwohl wir doch ständig das Gegenteil beklagen?

* * *

Ich habe zahllose Kinder:
Meine Ideen und Vorstellungen, wie herrlich das Leben auf diesem Planeten sein kann.

* * *

Unser Lebensziel zu erkennen, fiele uns leichter,
wenn wir wie die Heilige Thérèse sagen könnten: »Für
mich ist es der Himmel, auf Erden Gutes zu tun.«
Oder wenn wir uns entschlössen, als Geistwesen zur
Erde zurückzukehren, um das zu tun, was wir wirklich
tun wollten.
Ich persönlich würde als Geistwesen zurückkehren,
um die Staatsoberhäupter anzuspornen, den Frieden
zu suchen und diesen Planeten zum Wohle und zur
Zufriedenheit aller zu verwalten.

* * *

Versuchen Sie einmal niederzuschreiben, welche
Grabinschrift Sie sich wünschen. Sie kann Ihnen sehr
viel darüber sagen, wer Sie sind und wie Sie sich
selbst im Universum und in der Ewigkeit sehen.

* * *

Kein Mensch wird sich je gänzlich selbst verwirklichen
können. Wir lernen und machen Erfahrungen bis zu
unserem Tode.
Wir gewinnen neue Fähigkeiten und verlieren alte.
Der Kunst zu leben sind keine Grenzen gesetzt.
Sie ist zu vielfältig, um von einer einzigen Existenz er-
schöpft zu werden.

* * *

25

Ich habe mir vorgenommen, auf mich achtzugeben, damit ich lange lebe, um Gott und meinem Planeten zu dienen. Sich aus rein persönlichen Motiven ein langes Leben zu wünschen, ist Selbstbetrug, denn es sind vor allem Engstirnigkeit und Auf-sich-selbst-Bezogenheit, woran alte Menschen hauptsächlich sterben.

Wenn ich im Bus oder in der U-Bahn sitze, schließe ich oft die Augen und versichere mir: »Ich werde hundert Jahre alt, und meine Taten und Schriften werden mich unsterblich machen.« Dies mag vielleicht nicht den Tatsachen entsprechen, doch es vermittelt mir ein erhebendes Gefühl, macht mich glücklich und bringt mich auf Ideen, wie ich diese beiden Ziele erreichen könnte.

* * *

Im Leben gibt es keine rückläufige Entwicklung.

Das hohe Alter ist ebenso wertvoll wie jede andere Lebensphase. Es ist akkumulierter Geist, der Höhepunkt eines Prozesses, eine Apotheose des Wunders Leben.

In vielen Kulturen wird den Alten der größte Respekt und die höchste Ehrerbietung entgegengebracht; denn sie verkörpern die im Laufe vieler Jahre destillierte Essenz des Lebens.

* * *

Auch und gerade im hohen Alter kann der Lebenspfad – dank der Leidenschaft, die einen erfüllt – weiterhin nach oben führen. Diese Leidenschaft kann sich an allen Aspekten der Wirklichkeit entzünden: vom unendlich Großen (d. h. Gott) bis hin zum unbedeutenden Kleinen (z. B. ein Hobby). Der Gegenstand der Leidenschaft ist unwichtig – nur die Lebenskraft, der Lebenswille, die Leidenschaft für das, was man tut, zählt.

* * *

Wie viele erstaunlich weise alte Menschen
es doch gibt!
Welch einen Schatz an Lebenserfahrung
sie verkörpern!
Die alten Leute sollten unsere Könige, unsere Lehrer,
unsere Meister sein.
Dennoch fragen wir sie kaum um Rat.
Leben ist Suchen nach der Wahrheit.
Sie haben am längsten gelebt und sind deshalb der
Wahrheit am nächsten.

* * *

Möglicherweise ist mein Körper im Alter weniger leistungsfähig und weniger schön. Doch Gott hat mich dafür reichlich entschädigt: Mein Geist ist reicher, meine Erfahrung mannigfaltiger, meine Seele weiter, mein Wissen auf dem Höhepunkt. Ich bin so glücklich in meinen alten Tagen, daß ich – im Gegensatz zu Faust – mir nicht wünsche, zu meiner jugendlichen Ignoranz zurückzukehren.

* * *

Besser ein alter Mann mit einem schwachen Herzen, das einen Schrittmacher braucht, denn ein junger Mann ohne Herz.

* * *

Wenn ich meine Lebensgefährtin anschaue, kann ich ihre Falten, ihr graues Haar und ihren nicht mehr so üppigen Körper sehen, und mir ein jüngeres Geschöpf wünschen. Oder aber ich kann in ihr alles Glück auf Erden erkennen, unsere jungen Jahre, unsere Träume, unsere Mühen, unsere Kinder, unsere gegenwärtige Weisheit und heitere Gelassenheit, und das neue Wesen, Verstand, Herz und Seele, das wir zusammen bilden.

* * *

Die schönste Frucht des Alters ist die Weisheit und die Gabe, Geschichten zu erzählen.

* * *

Welchen Beweggrund haben wir, unser ganzes Leben lang zu lernen und zu suchen?
Tun wir dies für uns selbst?
Zum Teil sicherlich, im wesentlichen jedoch wohl nicht, denn wir alle sind dazu verurteilt zu sterben. Es kann also nur das Bestreben sein, die gesamte Menschheit und ihre zukünftige Entwicklung zu bereichern.
Deshalb hat mein Leben nur dann einen Sinn, wenn

es ein Teil des gesamten Lebensstroms der Menschheit durch die Zeit ist.
Ich bin sowohl ein Teil des Ganzen wie auch ein Teil eines Stroms.

* * *

Die Worte einer hundertjährigen französischen Bäuerin, die im Fernsehen interviewt wurde, bewegten mich sehr. Nach ihren Ansichten über den Tod befragt, sah sie nachdenklich zu Boden und murmelte dann leise:
»Die Erde ruft mich zurück. Ich kann es fühlen.
Die Stimme ruft mit jedem Tag lauter.
Die Erde will mich wiederhaben.«

* * *

Nur der Stamm der Hunza in Asien hat die richtige Vorstellung vom Tod: Er kommt im hohen Alter, nachts, während des Schlafs. Nur selten wird er von Krankheit begleitet. Für die Hunza ist der Tod das natürliche Ende einer Lebensphase: ein friedliches Einschlafen, der unmerkliche Übertritt in ein anderes Leben.

* * *

Wenn die letzte Stunde des Lebens gekommen ist,
sollte man sagen können:

Ich habe gern gelebt
Ich habe gern geliebt
Ich habe viel gelacht
Ich habe viel Liebe geschenkt
Ich verlasse diese Welt ein wenig besser, als ich sie
vorgefunden habe
Ich habe die unermeßliche Schönheit der Welt geliebt
Ich habe das Lied des Lebens
und des Universums gesungen
Ich habe stets das Beste in anderen gesucht
und stets mein Bestes gegeben.

Ich danke dir, o Herr, für dieses Wunder des Lebens.

* * *

Das Alter ist die Vorbereitung auf die Unsterblichkeit.

* * *

Oft erscheint mir mein Leben wie eine Laterne: ein
vergängliches Gefäß, das mit Licht gefüllt ist, ein Fluß
von Energie, konzentriert und gebündelt für kurze
Zeit in einem geheimnisvollen, wunderbaren, lebendi-
gen Kosmos, der durch faßbare, stoffliche Elemente
und durch unsichtbare, nichtstoffliche Elemente mit
der Erde und den Himmeln verbunden ist. Irgend-
wann wird die Laterne erlöschen. Die stofflichen Elemente werden wieder in den Energie- und Lebens-

kreislauf der Erde eintreten. Die nichtstofflichen Elemente werden zur kosmischen Seele zurückkehren, um als andere Lebensformen auf diesem Planeten oder an anderen Orten des Universums wiedergeboren zu werden. Wir bestehen aus belebter kosmischer Materie und haben Anteil an der göttlichen Eigenschaft unseres Schöpfers.

DIE VIER KARDINALTUGENDEN

DANKBARKEIT

Manchmal, wenn ich die Schönheit der Natur, die Menschen, die Autos, Flugzeuge und Bauten der Menschen betrachte, halte ich inne und überlege: »Welch unglaublich faszinierender Planet die Erde doch ist: Sie dreht sich mit einer Geschwindigkeit von 1666 km pro Stunde um sich selbst, und auf ihrer Oberfläche wimmelt es von Leben. Die Menschen bewegen sich aufrecht auf ihr, und ihre Köpfe ragen Antennen gleich in alle Richtungen des Raums. Bäume, Pflanzen und Algen absorbieren begierig die Energie der Sonne. Und der Gedanke, daß die Erde der einzige Planet unseres Sonnensystems und möglicherweise des gesamten Universums ist, auf dem sich Leben entwickelt hat, läßt uns in grenzenloser Dankbarkeit und Staunen vor einem solchen Wunder verharren.« Wenn ich am frühen Morgen meine Gedanken zu Papier bringe, erfüllt mich ein Gefühl von immenser Freude und Liebe. Das Schreiben kann eine Form des Gebets sein, eine Möglichkeit, Gott für das wunderbare Geschenk des Lebens zu danken.

* * *

Manchmal scheint es mir, als würde Gott zu den Menschen sagen:
»Wollt ihr mir eure Dankbarkeit erweisen?
Dann seid friedliebend, gerecht und gütig zueinander und dankbar für jeden Tag eures Lebens.«

* * *

Welch ungeheurer Mangel an Dankbarkeit doch in dieser Welt besteht – besonders in den reichen Ländern!

* * *

Vielleicht wird unsere Welt der Not und des Klagens eines Tages zu einem Ort des Gebens und der Dankbarkeit.

* * *

Die menschliche Natur ist ein wunderbares, gottgegebenes Instrument.
Auf ihm können wir die herrlichsten und bewegendsten Symphonien erklingen lassen
oder die traurigsten und herzzerbrechendsten Tragödien.
Wir müssen lernen, dieses Instrument mit Freude, Dankbarkeit und mit der Reinheit des Herzens zu spielen, um unseren Teil zur Schönheit und zum Glück unseres Planeten beizutragen.

* * *

Die schönste aller Fragen, die sich ein Mensch selbst
stellen kann, ist:
»Wie kann ich der Schöpfung dienen?«

* * *

Welch unermeßlicher Reichtum liegt für mich allein
darin, daß ich lebe! Nicht alle Güter dieser Welt können je den Wert eines einzigen Lebens aufwiegen.

* * *

Ohne die Sonne und ohne die Erde könnte die
Menschheit nicht existieren. Deshalb ist es für uns ein
Gebot der Notwendigkeit, unseren Fixstern und unseren Planeten zu schätzen und zu achten und als heilig
zu betrachten. Und doch scheinen wir die Verbindung
und die Verbundenheit mit ihnen verloren zu haben.
Wir legen uns schlafen, und wenn die Sonne aufgeht,
begrüßen wir sie nicht mehr mit einem Gebet. Wir leben in Städten aus Stein und Beton. Wir sehen fern
und hören Radio, anstatt die Schönheiten der Natur
zu betrachten und ihrer herrlichen Musik zu lauschen.
Wir sind auf dem falschen Weg. Wir sollten der Sonne
und der Erde Tag für Tag unsere Opfer darbringen
und mit dem Psalmisten einstimmen: »Dies ist ein guter Tag, zu leben und Gott zu preisen.«

* * *

De Gaulle wollte das Beste für Frankreich.
Robert Schuman wollte das Beste für Europa.
Ich will das Beste für die Welt.

* * *

Wir müssen offen sein für jede Möglichkeit, für jede Entwicklung, die in uns steckt, für die unermeßliche Welt dort draußen, für die Himmel, für Gott und die Ewigkeit.
Denn unser Ziel sollte es sein, ein langes, intensives und erfülltes Dasein in Frieden und Dankbarkeit zu leben.

* * *

Letztlich geht es darum, sich mit Freude der Erhabenheit der Schöpfung und Gottes hinzugeben.

GLÜCK

Was ist das Ziel des Lebens? Das Leben voll auszuschöpfen und das Universum, das uns umgibt, bewußt und mit Inbrunst in sich aufzunehmen. Glück und Lebensfreude – *joie de vivre* – sind der Odem des Lebens. Manchmal fühle ich, daß Gott mich leise fragt: »Bist du glücklich?« Und wenn ich dies bejahe, antwortet Er mir: »Dann freue ich mich, dich erschaffen zu haben.«

* * *

Wenn wir unser Leben richtig leben, werden wir von der Natur und von Gott mit Freude und Glück belohnt. Deshalb sind Freude und Glück ein wichtiger Maßstab, den wir an unser Leben anlegen sollten. Über das Thema Glück nachzudenken, ist gleichbedeutend mit der Suche nach dem wahren Sinn des Lebens.

* * *

Man muß das Glück nicht in der Ferne suchen. Es findet sich überall, wo immer man auch ist.

* * *

Jeden Morgen, wenn ich erwache, empfinde ich ein überwältigendes Glücksgefühl, am Leben zu sein. Jeder neue Tag ist wie eine Auferstehung, wie eine Wiedergeburt.

* * *

Um glücklich zu sein, lebe bescheiden.
Werde ein Teil Gottes in der Ruhe
und in der Stille deiner Seele.

* * *

Gewöhnlich empfinde ich am frühen Morgen, wenn ich schreibe, träume oder den Sonnenaufgang beobachte und allein mit mir bin, die tiefsten und heitersten Augenblicke des Glücks. Glück in der Ruhe und Glück auch im Handeln zu empfinden – beides sollte als Bestandteil der Kunst zu leben geübt, gelernt und geschätzt werden.

* * *

Glück vertreibt Unglück, wie Licht die Dunkelheit.
Folge deshalb den positiven Impulsen, die du in dir
finden kannst.

* * *

In der Freude liegt meine Sicherheit. Sie errichtet um
mich einen undurchdringbaren Schutz gegen alle negativen Eindringlinge.

* * *

»Freude ist der untrügliche Beweis der Existenz Gottes.«

Teilhard de Chardin

* * *

Entscheide dich zu einem frohen, intensiven, dankbaren und ehrlichen Leben,
und es werden Wunder geschehen.

* * *

Zunächst muß man an das Glück glauben, erst dann
wird man es finden.
Glück ist zuerst und vor allem eine Frage des Glaubens.

* * *

Man muß versuchen, das zu werden, was die Hindus einen Trikaldarshi und einen Trilokinath nennen: Einer, der glücklich in der Vergangenheit, in der Gegenwart und in der Zukunft lebt – einer, der sowohl in der Sinnenwelt, in der geistigen Welt als auch in der Himmelswelt zu Hause ist.

* * *

Glück zu schenken bedeutet, Glück zu verdienen.

* * *

Wenn Sie einen intensiven Traum haben, mag er auch noch so unglaublich erscheinen, wird etwas geschehen – Zeichen, Zufälle, günstige Begebenheiten –, und Sie werden Hilfe finden, Ihren Traum Wirklichkeit werden zu lassen.

* * *

Eine Welt des Glaubens und der Fröhlichkeit und nicht eine Welt des Mangels und des Klagens – dies sollte unser Ziel sein.

* * *

Zu suchen und zu finden,
unterwegs zu sein und anzukommen,
sind beides Formen des Glücks.

* * *

»Unter den für eine Frau denkbar ungünstigsten Be-
dingungen habe ich jahrelang nach Ihrer Philosophie
gelebt. Ich war glücklich mit einem Mann verheiratet,
den ich sehr geliebt habe. Wir haben vier Kinder und
leben in einem hübschen Haus im wunderschönen
Hudsontal. Mein Mann geht seinen Geschäften in
New York City nach und ist sehr erfolgreich. Eines
Tages begann er, mir untreu zu werden. Für mich war
dies eine qualvolle Erfahrung, doch ich war fest ent-
schlossen, damit fertig zu werden: Unter keinen Umständen wollte ich mir mein Glück von ihm zerstören
lassen. Ich bemühte mich, mir nichts anmerken zu lassen, hielt die Familie zusammen und suchte meine Erfüllung bei meinen Kindern, im Freundeskreis und in
der Arbeit im Haus. Viele Jahre sind seither vergan-
gen, und ich kann mit gutem Gewissen sagen, daß ich
meine Entscheidung nie bereut habe: Es ist ihm nie
gelungen, mein Glück zu zerstören.«

* * *

Glücklich ist der Mensch, den ein Lichtstrahl am dun-
kel verhangenen Himmel mit Freude erfüllt.

* * *

Norman Cousins teilt die Welt nicht in Ost und West,
Nord und Süd, Schwarz und Weiß, sondern in Optimisten und Pessimisten, in diejenigen, die an das Leben

glauben und die, die dies nicht tun. Eines Tages wird dies die wesentlichste Kluft sein, die die Menschen voneinander trennt – bis auch sie verschwunden sein wird, und sich alle Menschen am Wunder des Lebens erfreuen.

* * *

Ein paar einfache Regeln, die ich bei meiner Suche nach dem Glück gefunden habe:

gute Ernährung
positive Gedanken
Liebe zum Leben
Meditation und Gebet.

* * *

Während des Krieges war ein sehr kluger Mann, ein Hutfabrikant aus Belgien, für ein paar Tage bei meiner Familie zu Gast. Als mein Vater in einem Gespräch über die schweren Zeiten und die Brutalität des Krieges klagte, ging der Gast ins Badezimmer und kam mit einem Stück duftender Toilettenseife aus der Vorkriegszeit zurück, die meine Mutter ihm zu Ehren aus ihrer Schatztruhe gekramt hatte. Er reichte das Stück Seife im Kreise der Anwesenden herum und forderte jeden einzelnen auf, den köstlichen Duft zu genießen. Dann sagte er:
»Wenn dieser Krieg vorbei ist, wird keiner von uns jemals wieder dasselbe Glücksgefühl empfinden wie in

diesem Augenblick, als wir uns des himmlischen Dufts dieses kostbaren Stücks Seife bewußt wurden. In jeder Phase unseres Lebens – auch unter noch so widrigen Umständen – gibt es eine bestimmte Form des Glücks. Die Kunst des Lebens besteht darin, diese kostbaren Augenblicke wahrnehmen zu können.«

* * *

Die Nationen dieser Welt sollten nicht an ihrer Macht, ihren Waffen und ihrem Wohlstand gemessen werden, sondern am Glück ihrer Bürger. Was würde gewonnen, wenn alle Nationen der Welt den gegenwärtigen Lebensstandard der USA oder der europäischen Länder erreichten, doch ihre Bürger auch nicht glücklicher wären, als es die Amerikaner und die Europäer heute sind?

* * *

Größe erlangt man nur durch die Sache, der man dient. Und heutzutage kann das wichtigste Anliegen nur der Friede und das Glück der gesamten Menschheit sein.

* * *

Einer der glücklichsten Menschen, den ich je in meinem Leben kennengelernt habe, ist Swami Satchidananda. Sein Ziel ist dasselbe wie das von U Thant: Den Menschen zu helfen, durch ein erfülltes physisches, geistiges, moralisches und seelisches Leben

glücklich zu werden. Ihre Namen sind Ausdruck ihrer
Lebensziele:

Sat-Chid-Ananda: Leben, Wissen, Glück
U Thant bedeutet: der Reine

Gesegnet seien die Völker und Eltern, die ihre Kinder
nach Tugenden, Göttern und Heiligen benennen.

* * *

Glücklich nehmen wir die Strahlen, die Wärme und
die Schönheit der Sonne auf. Doch sollten wir nicht
auch etwas davon abgeben? Sollten wir die Erde nicht
zu einem Planeten machen, der Friede, Liebe und
Glück ausstrahlt?

* * *

Wir haben genügend Glocken auf der Erde. Was wir
nicht haben, sind genügend Hände und Herzen, die
sie zur Ehre Gottes und unseres herrlichen Planeten
zum Klingen bringen.

* * *

Die Welt ist voll von Menschen, die träumen, lieben
und glücklich sein möchten. Doch Glück, Liebe und
Träume haben keinen Platz in den Regierungspro-
grammen und in der Weltpolitik. Irgendwas ist nicht
in Ordnung mit der Politik auf diesem Planeten.

* * *

Die Menschheit darf niemals aufhören, nach neuen Träumen und Idealen zu streben.

* * *

Die ganze Welt hält inne und horcht auf, wenn jemand zur rechten Zeit mit der richtigen neuen Idee erscheint.

* * *

Um nicht in Vergessenheit zu geraten, muß ein Künstler oder Schriftsteller ein Prophet sein – ein Prophet des Guten, der Hoffnung und des Glücks. Er muß sich mit den fundamentalen Dingen des Lebens befassen und inspirierende, erhebende und ermutigende Antworten wissen.

* * *

Ich werde niemals alle Antworten auf die Geheimnisse des Lebens kennen. Niemandem wird dies je gelingen. Doch ich kann mit all meiner Begeisterung und all meinen Fähigkeiten über die Wunder des Lebens schreiben und erzählen und meine Mitmenschen daran teilhaben lassen.

* * *

Glücklich zu sein, das ist der wahre Erfolg im Leben.

* * *

Um glücklich zu sein und unsere Pflicht gegenüber der Menschheit und unserem Planeten zu erfüllen, brauchen wir gewiß nicht auf eine bessere Welt zu warten.

* * *

Es ist seit jeher der größte Wunsch meines Lebens gewesen, den Menschen und Nationen die Kunst des Glücklichseins näherzubringen.

HOFFNUNG

Manchmal nennt man mich einen »erstaunlichen Optimisten«. Was ist denn so erstaunlich daran, ein Optimist zu sein? Ist das Leben nicht selbst der Inbegriff des Optimismus?

* * *

Ein Läufer, der das Rennen gewinnen will, denkt nicht kleinmütig an die Niederlage.
Täte er dies doch, würde er nicht gewinnen.
Dasselbe trifft auf das Leben zu.

* * *

Hoffnung nimmt das ersehnte Ergebnis vorweg und öffnet so die Wege des Geistes, die uns zum Ziel führen.

* * *

»Ebenso wie die Verzweiflung die Bühne für ihre eigene Erfüllung bereitet, schenkt uns die Hoffnung den Nährboden, auf dem der Geist gedeiht, der unser Leben erhöht.«

Norman Cousins

* * *

Als junger Mann war ich der Ansicht, man müßte am Eingang des UN-Gebäudes die Worte anbringen, die Dante an die Pforten der Hölle schrieb: »Die ihr eintretet, laßt alle Hoffnung fahren!«
Nun, am Ende meines Weges, bin ich der Ansicht, man sollte statt dessen die folgenden Worte anbringen: »Die ihr eintretet, verliert nie die Hoffnung!«

* * *

Träume – und glaube fest daran.
Intensive Träume werden stets wahr.

LIEBE

Im Leben gibt es nur ein wirklich wichtiges Gebot:
Das Gebot, alles, was wir tun, mit Liebe zu tun.

* * *

Wenn ich das Leben liebe, wird mein Leben schön
sein.
Wenn ich meine Familie liebe, werde ich eine glückli-
che Familie haben.
Wenn ich meine Arbeit liebe, werde ich Erfolg haben.
Wenn ich mein Haus liebe, werde ich ein schönes Zu-
hause haben.
Wenn ich es liebe zu lernen, zu schreiben, zu lesen, zu
malen, zu modellieren, zu singen und zu wandern,
wird mein Leben durch dieses Tun glücklich sein.
Wenn ich aber Gott liebe, werde ich das höchste
Glück finden.

* * *

Liebe ist einfach die Freude daran, ganz das zu sein,
was wir sein sollten.

* * *

Zu lieben bedeutet, einem Menschen oder den Dingen
Wirklichkeit und Wert zu geben.

* * *

Am Anfang der Evolution des Menschen waren Wissen und Liebe Synonyme. Doch dann entwickelten sie
sich auseinander. Nichts wäre wichtiger, als sie wieder
zu vereinen.

* * *

Ein Genie ohne Herz ist ein Unding.

Mozart

* * *

Wann immer ich in meinem Leben dem Schönen begegnet bin, stets war sein Ursprung innige Liebe.

* * *

Wie das Auge mit einem Blick Millionen von einzelnen Wahrnehmungen erfaßt, umfaßt unser Herz mit einem liebenden Schlag die wundersame Vielfalt des Lebens und der Schöpfung.

* * *

Man kann das Detail lieben. Doch ähnlich wie bei einem Kunstwerk, sollte man nicht vergessen, das Ganze, das Universelle zu betrachten.

* * *

Man kann zu viel sehen, zu viel lesen,
zu viel lernen, zu viel reden,
doch niemals kann man zu viel lieben.

* * *

Das Leben bedeutet Geben und Nehmen,
Reflexion und Absorption.

* * *

Werde des Gebens nie überdrüssig, und du wirst stets empfangen.

* * *

Liebe kennt keine Pflicht.

* * *

Liebe ist der einzige Reichtum, den die Reichen den Armen nicht nehmen können.

* * *

Friede, Liebe und Brüderlichkeit können nicht »organisiert« werden. Diese Eigenschaften müssen im Herzen eines jeden einzelnen entstehen und wachsen. Allein wir sind ihre Schöpfer.

* * *

Es genügt nicht, ein friedliebender Mensch zu sein. Wir müssen uns in unserem Innersten von der Liebe verwandeln lassen, um zu den Friedensstiftern zu werden, die wir sein könnten.

* * *

Menschen sind wie Spiegel:
Sie reflektieren meine Faust oder mein Lächeln.

* * *

Die Beziehungen zwischen den Menschen sind zu kühl. Wir müssen alles tun, sie zu erwärmen. Vor allem das unterkühlte Klima der internationalen Beziehungen muß sich verbessern, damit die Keime der Verständigung sprießen können. Die Eiszeit unter den Menschen und ihre kalten Kriege haben viel zu lange gedauert. Sie zu beenden, ist unser aller Verpflichtung. Jede persönliche Wärme, mit der wir die Beziehungen zwischen den Menschen bereichern, trägt dazu bei, das frostige Klima der Weltgemeinschaft zu mildern. Wie können wir erwarten, daß zwischen den Nationen Liebe und Mitgefühl herrscht, wenn es unter den Menschen keine Liebe und kein Mitgefühl gibt?

* * *

Arnold Toynbee wurde einmal gefragt, welches seiner Meinung nach der wichtigste Weg sei, eine bessere Welt zu erreichen. Er antwortete: »Wenn die Menschen nur liebevoller zueinander wären!«

* * *

Die Vaterlandsliebe hat die Menschen auf eine nationale Ebene reduziert. Die große und neue historische Herausforderung ist es nun, unter allen Erdenbürgern die Liebe füreinander und die Liebe zu dem Planeten Erde zu erwecken.

* * *

Die Welt muß nun eine Seele und ein Herz erlangen.

* * *

Ich träume von einer Welt, in der kein Vogel davonfliegt und kein Tier flieht, wenn ein Mensch naht.

* * *

Wir sprechen in 5000 verschiedenen Sprachen, doch unser aller Herzen schlagen im selben Takt.

* * *

Am Ende werden jene am längsten in der Erinnerung der Menschen fortleben, die am intensivsten geliebt und geträumt haben.

* * *

Wir brauchen mehr als eine Weltanschauung (world vision). Wir brauchen eine Weltliebe (world love).

* * *

Vielleicht können wir uns nur durch Liebe und Transzendenz einem Verstehen des letzten Geheimnisses nähern. *Sursum corda!* Erhebet eure Herzen, damit ihr das Universum erkennt und euch mit ihm vereint.

* * *

Nach einem Leben, das ich dem Denken und Suchen gewidmet habe, entdeckte ich als die letzte Antwort die Liebe:
Liebe für die gesamte Schöpfung und ihren geheimnisvollen Ursprung,

Liebe für unseren schönen Planeten und für all seine
Lebewesen,
Liebe für mein eigenes wunderbares Leben und für all
die Liebe, die ich in mir fühle.
So fühlte ich, als ich ein Kind war.
Nun ist der Kreis geschlossen.

* * *

Wir werden zu dem, was wir lieben.

ÜBER SCHREIBEN UND SPRECHEN

Schrift und Sprache sind in erster Linie Mittel zur Beobachtung und Erweiterung des Lebens, ein zweigleisiger Prozeß des Lernens, Lehrens und Kommunizierens und ein wesentlicher Beitrag zur Weiterentwicklung und zum Glück des Menschen. Deshalb sollte sich niemand alleine um des Schreibens oder Redens willen zum Schriftsteller oder Redner berufen fühlen, sondern nur dann, wenn beides ein Mittel der Selbstverwirklichung ist, das zugleich anderen Glück, Freude und Gutes bringt.

* * *

Schreiben bewahrt. Es ist eine Form der Ewigkeit, eine Möglichkeit, die Zeit einzufangen, das Leben, Wissen und die Geschichte einzelner und der Gemeinschaft zu erhalten. Wie kostbar das Schreiben doch sein kann...!

* * *

Verborgene Weisheit hat keinen Sinn. Jeder kluge Mensch sollte in jeder Lebensphase anderen seine Weisheit in Form von Schreiben, Reden, Handeln und Geschichtenerzählen zugänglich machen.

* * *

Hört auf, nur Konsumenten zu sein. Begnügt euch nicht damit, immer nur zu lesen oder fernzusehen. Seid produktiv. Schreibt eure Gedanken, Gefühle und Erinnerungen nieder. Das wird euer Leben bereichern und euch ein erhebendes Gefühl geben.

* * *

Die fundamentalste Form des Schreibens ist das Führen eines Tagebuches als ein Mittel, sein Wesen, sein Herz, seinen Verstand und seine Sinne in ihrem Verhältnis zur Umwelt, zu den Lebenden und den Toten, zur Vergangenheit, Gegenwart und Zukunft zu beobachten. Das Tagebuch birgt das große Geheimnis, den Schlüssel zur Freude am Schreiben und am Leben.

* * *

Verliere nicht gleich die Hoffnung, wenn du mit dem Schreiben beginnst. Als ich nach vielen Jahren noch einmal den Anfang meines Tagebuchs las, hätte ich es am liebsten in den Papierkorb geworfen. Es war so furchtbar schlecht geschrieben. Doch dann dachte ich, daß es schließlich ein Teil meines Lebens sei, den ich achtlos in den Papierkorb werfen wollte. Und mit der Zeit, mit Erfahrung und Geduld lernte ich, einen besseren Stil zu schreiben. Ich korrigierte und verbesserte das Geschriebene, und heute betrachte ich die ersten Seiten meines Tagebuchs als einen meiner wertvollsten Schätze.

* * *

Man kann überall schreiben: während einer Tagung, im Zug, im Flugzeug, in der Öffentlichkeit oder zu Hause. Für einen Maler oder einen Bildhauer ist es wesentlich schwieriger, seine Kunst auszuüben. Meinen Kindern habe ich ans Herz gelegt: »Schreibt, wann immer sich euch die Gelegenheit bietet; so viel und so oft ihr könnt – egal wo ihr seid. Haltet euer Leben fest, eure Erfahrungen, eure Gedanken, Beobachtungen und Träume. Ihr werdet eine Menge über die Welt, das Universum und über euch selbst erfahren.«

* * *

Schreiben bedeutet zweimal zu leben.
Ein Tagebuch zu führen, bedeutet viele, viele Male zu leben.

* * *

Nulla dies sine linea.
Kein Tag ohne Zeile.

* * *

Verba volant, scripta manent.
Worte verfliegen. Die Schrift bleibt bestehen.

* * *

Auf dem Weg von zu Hause zur Bahnstation hatte ich einen phantastischen Einfall. Ich versäumte es, ihn niederzuschreiben und habe ihn prompt vergessen. Nun trage ich stets ein Blatt Papier bei mir, um die Gedanken und Wahrheiten, die mir in den Sinn kommen, festzuhalten.

* * *

Schreibe, um dich selbst kennenzulernen; schreibe, um deinen Brüdern und Schwestern zu helfen; schreibe, um anderen den Weg zum Glück zu zeigen; doch schreibe niemals nur für Ruhm und Anerkennung.

* * *

Ich schreibe nur über das, was ich liebe. Was mit der Frucht geschieht, ist für den Baum nicht von Belang.

* * *

Zu schreiben bedeutet, sich selbst gegenüber absolut ehrlich zu sein. Dies ist die reinste Form des Lebens.

* * *

Wenn andere lesen, was ich geschrieben habe, sollten sie den Eindruck haben, als wäre es für sie geschrieben. Denn selbst wenn ich ganz alleine für mich schreibe, schreibe ich auch gleichzeitig für alle anderen Menschen. Der Schriftsteller, der seine Seele erforscht, wird der Seele der gesamten Menschheit begegnen.

* * *

Die lesenswertesten Bücher sind die, die Menschen glücklich machen.

* * *

Wir können bessere Schriftsteller und Redner sein, als es bisher in der Geschichte möglich war, denn unser Wissen ist sehr viel umfangreicher und die Welt damit größer geworden.

* * *

Unterschätze das Briefeschreiben nicht: Andere lesen deine Gedanken, lassen sich von ihnen bewegen und geben sie weiter, wenn sie ehrlich und wahr sind.

* * *

Niemand ist zum Schriftsteller geboren. Auch Shakespeare war einmal ein Kind, das nicht schreiben konnte. Laß dich nicht von deinem »schlechten Stil« entmutigen. Mache weiter, und mit der Zeit wird sich dein handwerkliches Können vervollkommnen, wie bei jedem Handwerker und Künstler. Sieh nicht das unvollkommene Werk von heute, sondern das Schöne von morgen.

* * *

Überlese Geschriebenes immer wieder, feile und forme daran, bis du überzeugt bist, daß nichts mehr geändert werden sollte, daß es das Beste ist, wozu du fähig bist.

* * *

Ein Maler wird nie all das malen, was er malen möchte.

Ein Schriftsteller wird nie all das schreiben, was er schreiben möchte.

Ein Komponist wird nie all das komponieren, was er komponieren möchte.

Wenn man einmal eine Kunst beherrscht und sie einem zur zweiten Natur geworden ist, sind dem, was man mit ihr machen kann und zu machen vorhat, keine Grenzen gesetzt.

* * *

Schreibe, schreibe, schreibe.

Male, male, male.

Michelangelo lehnte eine Einladung des Papstes zum Essen mit der folgenden Bemerkung ab:

»Wollen Sie, daß ich male oder daß ich mit Ihnen speise?«

Er schlief in der Sixtinischen Kapelle bei seinen Farben und wurde 90 Jahre alt.

* * *

Poesie ist eine Form des Sehens und Schreibens, um die Größe, die Weite, die Tiefe und die Intensität des Wunders des Lebens besser empfinden und verstehen zu können.

* * *

Eine der größten Freuden auf Erden ist die Geburt eines Buches.

* * *

Ein guter Schriftsteller muß feste Hoffnung und klar erkennbare Wege zum Glück vermitteln. Der Leser will ermutigt und erhöht – nicht deprimiert und verunsichert werden. Weshalb sollte er sich mit dem Unglück und der Negativität des Autors auseinandersetzen? Er hat selbst genügend Probleme. Ein solches Buch mag ihn vielleicht für kurze Zeit interessieren, doch er wird es beiseite legen und es nie mehr in die Hand nehmen. Nur positive, hoffnungsvoll stimmende und hilfreiche Bücher liest er ein zweites Mal.

* * *

Schriften sind gleich konserviertem Leben. Bücher entsprechen konservierten Menschenschicksalen. Zitatensammlungen und Aphorismen großer Schriftsteller stellen einen ungeheuren Schatz an Lebenserfahrung dar.

* * *

Wenn doch nur alle führenden Politiker der Staaten und der Weltorganisationen ein paar ihrer philosophischen Gedanken, Erkenntnisse, Meinungen und Schlußfolgerungen niederschrieben, wie es Dag Hammarskjöld in seinen *Zeichen am Weg* getan hat! Um wie vieles reicher wäre dann unsere Welt! Die Welt ist weiter, die Aufgaben sind umfassender und das Publikum ist viel größer, als zu Zeiten eines Sokrates', Konfuzius', Mark Aurels oder Lincolns. Die Welt braucht eine wahrhaft globale Literatur, von Autoren, die die neuen weltweiten Strömungen, die diesen Planeten und die gesamte Menschheit bewegen, durchlebt und erfahren haben.

* * *

Wir wollen nicht, daß die Jugend einmal sagen wird: »Weshalb habt ihr das alles nicht niedergeschrieben? Ihr wußtet doch, daß wir euch nachfolgen würden.«

* * *

Die Tatsache, daß der Heilige Augustinus erst im Alter von 59 Jahren begonnen hat, *Den Gottesstaat* zu schreiben, tröstet mich.

* * *

Kirchenglocken, Gongs, Trommeln, Schofaroth, Muezzins, Alphörner und Gesang erzeugen Schwingungen, die uns das Gefühl geben, eins mit dem Universum zu sein. Dasselbe Gefühl vermitteln uns auch große Reden, Bücher und Kunstwerke.

* * *

Reden und Sprache sind machtvolle kosmische Schwingungen, welchen wir mit Ehrfurcht und Achtung begegnen müssen, deren positive Aspekte wir nutzen und deren negative Aspekte wir meiden sollten. Niemals sollten wir uns einer gewalttätigen Sprache bedienen.

* * *

Die Inder wissen um die Macht der Sprache: Sanskrit bedeutet »göttliche Sprache«. Und *Dewanagara,* die in Sanskrit verfaßte Schrift, bedeutet »die Stadt Gottes« (*Dewa*=Gott, *nagara*=Stadt).

* * *

Wir müssen lernen, nicht nur mit anderen zu sprechen, sondern auch mit uns selbst; nicht nur auf andere zu hören, sondern auch auf uns selbst.

* * *

Wenn ich eine Rede halte oder schreibe, versuche ich stets, meine Zuhörer oder Leser zu bestätigen und aufzumuntern.

* * *

Wer mir zuhört oder meine Schriften liest, schenkt mir nicht nur seine Aufmerksamkeit und seine Zeit; er gibt mir auch einen Teil seines kostbarsten Guts: seines Lebens. Deshalb muß das, was ich mitzuteilen habe, ebenso kostbar sein wie sein Leben.

* * *

Etwas schätze ich an der Arbeit mit IBM sehr: Nach jedem Vortrag, nach jedem der Seminare, die ich für deren leitende Angestellte aus aller Welt halte, bekomme ich von jedem der Teilnehmer eine Beurteilung über Erfolg und Nutzen meiner Ausführungen. Dies gibt mir die Möglichkeit, meine Leistung zu verbessern, meine Vorgehensweise zu korrigieren – falls nötig –, mich den Bedürfnissen eines bestimmten Berufsstandes anzupassen und es das nächste Mal besser zu machen. Und wie oft bin ich in meinem Leben schon nach meiner Meinung über bestimmte Waren, über Dienstleistungen, über Lehrer, Verleger, Bücher, Filme etc. befragt worden? Mir scheint, ich war mein ganzes Leben lang ein unkritischer Konsument.

* * *

Das Wunder der spontanen Kreativität: Oft kehre ich nach einer Rede in mein Büro zurück und sage zu meiner Sekretärin: »Heute habe ich eine Menge gelernt, während ich mir selbst zuhörte.« Es gibt in der Tat Augenblicke, in denen ich fühle, daß ein anderes Wesen durch mich spricht, daß sich in mir ganz spontan und ohne mein willentliches Zutun ein geheimnisvolles Wissen, eine Erleuchtung offenbart. Ich stehe da, rede, und wie ein faszinierter Student lausche ich dem, was in mir aufsteigt und über meine Lippen kommt. Wie das Wasser, wie die Materie, haben alle Anteil an einer übergeordneten gemeinsamen Intelligenz, an einem gemeinsamen Empfinden. Jungen, begabten Rednern, die unerwartete Gedanken und Sätze formulieren, rate ich: »Habt stets einen Kassettenrecorder bei euch, zeichnet eure Reden auf und gebt gut auf die Bänder acht. Ihr werdet etwas entdecken, das für euch mehr wert ist als Gold.«

* * *

O Herr, hilf uns, weiter zu gelangen, als wir es mit Worten vermögen. Ist es nicht möglich, das letzte Geheimnis zu enthüllen und eins mit Dir zu werden?

* * *

Ich habe das Bedürfnis, einen Aufruf an die gesamte Menschheit, an alle Brüder und Schwestern zu verfassen und sie aufzufordern, die Dinge in ihre eigenen Hände zu nehmen; denn das Volk ist der Wahrheit näher als seine Regierungen.

* * *

Immer und immer wieder werde ich das, was ich zu sagen habe, wiederholen, bis die Nationen mir Gehör schenken und sich ändern.

ÜBER WACHSTUM UND EVOLUTION

Es ist kein Zufall, daß wir leben.
Ich bin nicht der Meinung, daß die Existenz unseres
Planeten im Universum und die Entstehung von Leben auf ihm reiner Zufall sind und keine besondere,
einzigartige Bedeutung besitzen.

* * *

Es gibt Wissenschaftler, die der Ansicht sind, alles
könne mit der Evolution erklärt werden. Doch die
Evolution, wie wir sie verstehen, erfaßt nur einen
Zeitraum von ein paar hundert Millionen Jahren auf
unserem kleinen Planeten, in einem relativ unbedeutenden Sonnensystem am Rande des Universums. Die
Schöpfung ist unendlich viel größer und geheimnisvol-
ler, als wir es uns vorzustellen vermögen.
Dies bedeutet nicht etwa, daß die Erde kein wunderbarer Planet ist, nicht ein überwältigend vollendetes
Juwel im Universum – denn in jedem Teil der Schöpfung manifestiert sich eine erhabene kosmische Kraft.
Doch dürfen wir nicht dem arroganten Glauben ver-
fallen, daß das Leben auf unserem Planeten durch
eine endgültige Evolutionstheorie erklärt werden

kann. Es gibt unendlich viel mehr im Universum und auf Erden, als es eine von Menschen erdachte Theorie zu erfassen vermag.

* * *

Angenommen, das Universum bringt zahllose Sterne hervor – wie ein Fisch zahllose Eier –, die über Milliarden von Jahren zahllose Planeten erwärmen, bis auf *einem* von ihnen schließlich ein Wunder geschieht: Leben entsteht, Materie und Energie erwachen zum Leben, die Evolution zu immer komplexeren und wunderbareren Lebensformen beginnt! Welch eine Verantwortung würde dies für die atomaren Mächte der Erde bedeuten! Welch rigorosen Wandel der Politik, der Verhaltensweisen, ja unserer gesamten Wertmaßstäbe würde dies erforderlich machen!

* * *

Unser Planet ist so klein und nur ein Teil eines winzigen Sonnensystems am Rande einer der Milliarden von Galaxien, daß unser Bemühen, die Schöpfung zu verstehen, dem Versuch einer Fliege gleichkommt, den Planeten Erde zu begreifen.

* * *

Die Bewegung unseres Planeten um die Sonne erscheint uns grandios, doch gemessen an der Unendlichkeit des Universums sind wir so verschwindend klein, daß bereits in einer Entfernung von wenigen

Lichtjahren die Erde nicht mehr von der Sonne zu unterscheiden ist: ein winziges Staubkorn, ein schieres Nichts.

Und doch existieren wir...

* * *

Es gibt keine einzige Enzyklopädie auf der Welt, die unser gesamtes Wesen auf den beiden naheliegendsten und wichtigsten Gebieten umfaßt, die sich uns so offenkundig aufdrängen: das gesamte Universum, vom unendlich Großen bis zum unendlich Kleinen, und die gesamte Zeit, von der endlosen Vergangenheit bis zur endlosen Zukunft.

* * *

Man kann die Größe des Universums nicht begreifen, wenn man sich ihr nicht ständig zu nähern versucht. Aus diesem Grund suchen wir Gott im Himmel.

* * *

Wir sind winzige Gefangene des Universums und der Zeit. Niemals werden wir das unendlich Große und unendlich Kleine verstehen. Und doch leben wir innerhalb dieser ungeheuer weiten Grenzen unser gottgegebenes Leben – voller Freude und Zuversicht und stets auf der Suche. Wie Blake schrieb: »Sollten Sonne und Mond zweifeln, sie würden sofort erlöschen.«

* * *

Leben! Es nimmt seinen Anfang in einem heiligen, ekstatischen Augenblick der Liebe, wenn sich ein winziges Spermium mit schlängelnden Bewegungen einem Ei nähert. Sie absorbieren Substanz und Energie und wachsen zu einer ungeheuren Fülle bewußten Lebens im Universum!

* * *

Was unseren Platz im Universum betrifft, so sind wir wahre Glückskinder: nur ein paar tausend Kilometer weiter entfernt von unserer Sonne, und wir würden erfrieren; ein paar tausend Kilometer näher, und wir würden verbrennen. Deshalb dürfen wir nie vergessen, daß unser Planet ein wahres Wunder ist, und daß Gott uns für ein ganz bestimmtes Vorhaben ausersehen haben muß. Dieses Vorhaben zu erkennen, ist eine der vornehmsten Aufgaben unserer Zeit. Was erwartet Gott, was erwartet das Universum von uns und unserer weiteren Entwicklung?

* * *

Die Evolution der Menschheit nahm ihren Anfang, als zum ersten Mal ein Mensch zu den Sternen emporblickte. Die Erde war von passiven Wesen bewohnt, die keine Fragen stellten und sich nicht veränderten, bis plötzlich eines Tages in einem der Menschen ein Funke aufsprang – die erste Frage: »Was ist das? Weshalb sind wir nackt?« Am Anfang war das Wort. Eine völlig neue Seite im Buch der Evolution wurde aufge-

schlagen: die Umwandlung eines Planeten durch eine
seiner Spezies; ein seltenes Phänomen im Kosmos,
dessen zukünftige Entwicklung gänzlich in unseren
Händen liegt. Welch ehrfurchtgebietende Herausforderung! Welch eine Verantwortung für die menschliche Spezies! Die Tragweite dieser neuen Aufgabe
übersteigt alle bisher bekannten Wertmaßstäbe.

* * *

Jeder von uns kann und sollte ein wertvolles Element
der menschlichen Evolution im Kosmos sein. Angesichts der Endlosigkeit von Raum und Zeit wird die
menschliche Existenz zu einem unschätzbaren Privileg;
denn es wäre ebenso möglich, daß wir in diesem endlosen und ewigen Universum nie das Licht der Welt
erblickt, nie das Geschenk des Lebens erhalten hät-
ten. Deshalb müssen wir unser Leben so gestalten,
daß wir uns dem Geschenk des Lebens würdig erweisen und zu dem Schritt auf eine höhere Ebene der
Evolution beitragen. Diese alte religiöse Wahrheit
taucht auch wieder in der Theorie der »genetischen
Kodifizierung« auf.

* * *

Wenn alles auf unserem Planeten – wie tatsächlich der
Fall – eine Koagulation bzw. eine Erscheinungsform
von kosmischen Kräften ist, dann sollten wir allem,
was wir wahrnehmen – einschließlich uns selbst – mit
größter Ehrfurcht begegnen. Ein Staubkorn, eine

Blume, ein Tropfen Wasser sind mehr als sie scheinen. Es sind Wunderwerke, die uns in Erstaunen versetzen müssen. Und am erstaunlichsten sind die Menschen selbst, deren stetes Suchen, Fragen und Folgern das Bewußtsein des Universums ständig erweitert.

* * *

Ich kann es nicht oft genug wiederholen.
Das große Geheimnis besteht darin:
Begreife dich selbst als einen Teil des Universums
und als einen Teil des ewigen Stroms der Zeit.
Betrachte dein Leben als ein wahres Wunder,
und befrage Gott, wenn du Zweifel verspürst.

* * *

Um ganz Mensch zu werden, müssen wir uns die ursprüngliche Energie des Universums erschließen. Plato war der Ansicht, daß die Seele des Universums, die »Weltseele« durch die Inkarnation im Menschen viele ihrer Eigenschaften und ihre Vollkommenheit verliert. Das Bemühen der Menschen sollte es daher sein, zu dieser Vollkommenheit der Seele zurückzufinden und sich als Teil des geheimnisvollen Fließens und Pulsierens des Lebens im Universum zu begreifen.

* * *

Den Sinn des Lebens und der gesamten Schöpfung ergründen zu wollen, erfordert eine beträchtliche Portion an Mut und setzt Glaube, Liebe, Leidenschaft,

Enthusiasmus, Poesie, Sinn für Musik sowie Mathematik und analytische Fähigkeiten voraus. Shakespeare und Beethoven sind nicht minder aufschlußreich als Darwin und Einstein. Manchmal denke ich, die Menschheit wäre besser beraten, wenn sie den Versuch, das unendlich Große und unendlich Kleine zu erforschen und zu erobern, gänzlich aufgäbe. Wir könnten Zufriedenheit auch darin finden, die Wirklichkeit so zu sehen, wie sie uns in all ihrer Schönheit und Einfachheit erscheint. Denn werden wir je in der Lage sein, die Kräfte in Zaum zu halten, die wir entfesseln? Dies ist die große Frage, die die Zukunft der Menschheit bestimmt.

* * *

Lerne von ganzem Herzen und mit ganzer Seele aus dem Schatz deiner Erfahrungen. Es gibt keinen größeren Lehrmeister, als dein eigenes Leben und deine eigenen Erfahrungen auf deiner Reise durch Zeit und Raum.

* * *

Man sollte stets Herr seines Lebens sein – und nicht dessen Sklave.

* * *

Jeder Mensch ist ein Prisma, in dem sich das ganze Universum spiegelt.

* * *

71

Wir sind nur ein Tropfen im Ozean der Menschheit, doch ohne Wassertropfen gäbe es keinen Ozean.

* * *

Mein ganzes Leben lang habe ich versucht, die Menschen empfänglicher für die Tatsache zu machen, daß unsere Existenz im Universum ein wahres Wunder ist, daß wir eine einzigartige Spezies sind, die einen unvergleichlichen Planeten bewohnt.

* * *

Ein möglichst weit entwickeltes Bewußtsein, das ist das Ziel des Lebens. Ein möglichst weit entwickeltes Bewußtsein aller, das ist das Ziel der Evolution. Dies ist der letzte große Schritt, der der materiell und intellektuell recht gut entwickelten Menschheit noch zu tun bleibt.

* * *

So viele Menschen sind auf der Suche nach kosmischer Harmonie, nach dem strahlenden, göttlichen Licht, nach einer Transzendenz, nach einem erhabenen »Höheren«. Doch angenommen, wir sähen unseren Planeten von »unterhalb«, von einem niedrigeren Entwicklungsniveau des Universums, dann erschiene es uns als ein Ort, an dem das strahlende Licht, die göttliche Energie Substanz geworden und zum Leben – vor allem zum menschlichen Leben – erblüht ist?

Dann wäre es dieses Leben, *unser* Leben, das uns als die höchste Glückseligkeit, als ein Widerschein der Transzendenz, als etwas »Höheres« erschiene.

* * *

Die Menschheit als Ganzes steht erst am Beginn ihrer Entwicklung und Formung. Erst allmählich beginnen sich gemeinsame Betrachtungsweisen der Realität, gemeinsame Überzeugungen und gemeinsame Interessen herauszubilden; erst allmählich beginnt die Menschheit als ein gesamtheitliches Gemeinwesen zu agieren, auf globale Gefahren und Ereignisse zu reagieren und höhere Formen der Zusammenarbeit und Realisation auf der Ebene gesamtkosmischer Wirklichkeit zu praktizieren. Dieser Entwicklung werden sich alle bisherigen primitiven Gruppierungen und Weltanschauungen anzupassen haben – oder andernfalls untergehen.

* * *

Der Wunsch nach Macht ist ein Trieb des primitiven, unterentwickelten Menschen.

* * *

Die Menschheit besitzt viele Rechte und Ambitionen, doch nicht das Recht, Selbstmord zu begehen.
Zu lange hat es gedauert und zu viel Arbeit ist investiert worden, um dorthin zu gelangen, wo wir heute stehen.

* * *

Weshalb sollte eine Regierung, die erst gestern an die Macht kam, ein Staat, der erst vor ein paar hundert Jahren entstand, eine Ideologie, die im letzten Jahrhundert noch unbekannt war, eine Religion, die bestenfalls ein paar Jahrtausende alt ist, mehr wert sein als das menschliche Leben – vor allem, wenn es sich dabei um mein eigen Fleisch und Blut handelt? Dieser Planet ist 4,5 Milliarden Jahre alt, und menschliches Leben existiert seit 3 Millionen Jahren. Ihnen gilt meine Hauptsorge. Keinem Menschen, keinem Gesetz, keiner Regierung, keiner Institution, keinem Unternehmen, keiner Religion, keiner Ideologie sollte je erlaubt sein, diesen Planeten und menschliches Leben zu gefährden oder zu zerstören. Mein wichtigstes und vornehmstes Menschenrecht ist das Recht, nicht zu töten oder von irgend jemandem getötet zu werden. Eine neue global-politische Ordnung muß auf diesem Recht errichtet werden.

* * *

Nichts, das der Evolution entgegenwirkt, wird lange währen. Permanent verändern Revolutionen und die Evolution die Struktur der menschlichen Gesellschaft, bis eine grundlegende Übereinstimmung und optimale Verwirklichung erreicht sind. Gegenwärtig sind wir Zeugen einer grundsätzlichen Entwicklung, die gegen die widernatürliche Teilung der Erde in Staaten gerichtet ist.

* * *

Die Natur um uns ist so schön. Sie ist ein wirkliches Wunder. Doch was sich hinter ihr verbirgt, ist wahrscheinlich noch schöner. Auf diese transzendente Schönheit und Bedeutung muß in der gegenwärtigen Phase der menschlichen Evolution unser Suchen gerichtet sein. Für dieses Ziel müssen wir unsere weltlichen Probleme und Streitigkeiten so schnell wie möglich lösen. Denn wir verlieren sehr viel kostbare Zeit.

* * *

Zu der gegenseitigen ökologischen, politischen und ökonomischen Abhängigkeit auf unserem Planeten muß eine neue Dimension wechselseitiger Abhängigkeit gezählt werden: das Mitgefühl für die anderen. Die Menschen nehmen Anteil an großen Katastrophen und am Elend in anderen Teilen der Welt. Die Erde ist zu einem empfindsamen und mitfühlenden Gemeinwesen geworden, das sein Herz entdeckt hat.

* * *

Dieser Planet benötigte ein Nervensystem, ein Blutkreislaufsystem, ein Gehirn, ein Herz und eine Seele. Zu diesem Zweck entwickelte er die menschliche Spezies, und es war nur eine relativ kurze Periode der Evolution von 3 Millionen Jahren nötig, um die Stufe zu erreichen, auf der der Mensch heute in der Lage ist, diese Aufgaben zu erfüllen.

* * *

Wir dürfen niemals vergessen, daß die Welt gigantische Anstrengungen unternimmt, ihre Erfüllung zu erreichen. Und jeder von uns muß seinen Teil dazu beitragen.

* * *

Ein Genie ist niemals eingebildet und dünkelhaft; vielmehr ist ein Genie demütig und ehrerbietig – angesichts der Schönheit und Größe des Universums.

* * *

Die Wissenschaft ist deshalb mit der Religion verwandt, weil auch sie versucht, unser kosmisches Zuhause zu verstehen. Die ersten Wissenschaftler waren Priesterastronomen. Die Trennung von Wissenschaft und Erforschung des Geistigen ist einer der schwerwiegendsten Irrwege der Menschheitsgeschichte.

* * *

Wenn ich den kleinen Schädel eines Papageis, eines Hundes oder einer Katze betrachte, danke ich Gott, daß er mir das Gehirn eines Menschen gegeben hat, das befähigt ist, so viel vom Universum zu erfassen. Doch dann wiederum überlege ich, daß der menschliche Schädel dennoch so klein ist, daß er nur einen verschwindend winzigen Bruchteil der unermeßlich großen Schöpfung verstehen kann. Doch wie sieht letztlich die Realität dort draußen aus – jenseits unseres Begriffsvermögens?

* * *

Die Zahl aller Staubkörner auf unserem Planeten ist
unendlich.
Die Zahl aller Wassertropfen in den Meeren und
Ozeanen ist unendlich.
Die Zahl der Moleküle in der Erdatmosphäre ist
unendlich.
Die Zahl der Atome allen Sandes, Wassers und aller
Luft, aller Felsen, Pflanzen und Lebewesen auf Erden
ist unendlich.
Und doch ist unser Planet nichts als ein winziges
Staubkorn im unermeßlichen Universum.
Auf diesem Staubkorn fühlen, lieben, träumen, den-
ken und handeln Menschen, Halbgöttern gleich.
Und unter den vier Milliarden meiner Mitmenschen
bin ich einmalig und ohnegleichen; eine eigene Welt,
ein eigener Kosmos, und doch mit allem im Himmel
und auf Erden verbunden.
Und das Wunderbarste von allem ist, daß ich begreife
und verstehe, was ich soeben geschrieben habe.

* * *

Das erste, das uns auffällt, wenn wir einem Menschen
begegnen ist, daß er lebt. Die Kranken und Sterbenden sind außerhalb unserer Sicht; sie sind zu Hause
oder in Krankenhäusern. Und die Toten sind für immer aus unserem Blickfeld verschwunden. Daher ist
das Wertvollste, das die Menschen besitzen, das Leben – nicht Jugend, Schönheit, Intelligenz oder Reichtum. Ein armer, häßlicher, alter Mann, der lebt, ist

wesentlich besser dran, als ein totes Kind, eine tote
schöne Frau oder ein toter reicher Mann. Deshalb lautet für uns die große Wahrheit nicht »Ich denke, deshalb bin ich«, sondern vielmehr – »Ich lebe, deshalb
bin ich.«
Zu leben oder nicht zu leben, das ist die Frage.

* * *

Im unendlichen Universum sind wir Menschen die
wahren Könige – fast Göttern gleich. Wir wissen so
viel, fühlen so viel, träumen so viel, zweifeln so viel,
entdecken so viel. Und wir werden nicht ruhen, bis
wir alles im Himmel und auf Erden sehen, wissen,
fühlen und verstehen. Wir sind kosmischer und göttli-
cher Herkunft und verspüren den Wunsch, in die endlosen Weiten des Universums zurückzukehren, von wo
wir gekommen sind. Wir sind eine transzendierende
Spezies, die Kraft eines wahrhaft wunderbaren Drangs
in der Lage ist, die Grenzen ihrer Fähigkeiten und
Sinne zu überschreiten. Wir sind erstaunliche kleine
Inselchen des Lebens auf einem felsigen, mit Wasser
bedeckten Planeten, die versuchen, nach den Sternen
und den äußeren Grenzen des Himmels zu greifen.
Welch außergewöhnliche Spezies wir doch sind! Welch
betriebsames Laboratorium unser Planet im endlosen
Universum ist! Doch wie könnte es anders sein? Sind
wir doch Energie, Materie und Seele des Universums,
die durch viele Sternenphasen gegangen sind, ehe sie
unsere gegenwärtige planetarische Gestalt annahmen.

Daher rührt das instinktive Gefühl für unsere göttliche und kosmische Natur; daher unsere Sehnsucht nach dem Himmel.

* * *

Angesichts des ständigen Ungemachs, das wir unserem Körper, Herzen, Geist und Verstand und unseren Nerven permanent zufügen, muß der Mensch die Inkarnation eines riesigen und unerschöpflichen Potentials an Lebenswillen sein. Offenbar versucht der Kosmos durch die menschliche Spezies etwas Besonderes zu erreichen, und es ist denkbar, daß unsere Verantwortung wesentlich weiter reicht, als wir es uns bisher träumen ließen. Eine Verantwortung, wie sie bislang nur von den großen Sehern und Propheten verstanden worden ist.

* * *

Nutze die kosmische Energie in dir. Ziehe sie an wie ein Magnet, zum Nutzen aller. Kosmische Energie will konstruktiv sein. Spürt sie, daß du ein konstruktiver Mensch bist, wird sie zu dir kommen. Ignorierst du sie, wird sie dich fliehen. Wir haben noch nicht gelernt, die kosmischen und göttlichen Kräfte in uns und um uns zu nutzen.

* * *

Wenn wir irdische Materie sind, wenn wir kosmische Materie sind, die sich ihrer selbst bewußt wurde, dann ist es unsere Pflicht, diesen Planeten mit dem Ziel zu verwalten, sein Bewußtsein im Universum zur höchsten Blüte zu führen. Dies ist möglicherweise das Ziel der gesamten Evolution. Eine neue Wissenschaft und eine neue Kunst des Bewußtseins muß geschaffen werden: die Umwandlung der Erde in eine Zelle des Universums von höchstem Bewußtsein.

* * *

Es ist genügend geistige Kraft in dieser Erde verborgen, um die menschliche Rasse ins Universum zu erheben. Vielleicht ist das Menschengeschlecht geistgewordene Erde.

* * *

Eher hört die Erde auf sich zu drehen, als daß der Mensch aufhört sich weiterzuentwickeln.

* * *

Unsere Stufe der Evolution ist gekennzeichnet durch eine zunehmende Zahl erleuchteter und universeller Geister. Und eines Tages wird die Mehrheit der Erdbewohner aus friedlichen, heiteren Heiligen bestehen.

* * *

Gibt es ein höchstes Bewußtsein?
Weshalb hat das Universum oder Gott oder die Evo-
lution das menschliche Leben erschaffen?
Wie kann man diese Fragen befriedigend beantwor-
ten?
Ich weiß es nicht, doch eines weiß ich ganz gewiß:
All meine Vernunft, all mein Wissen, meine Kunst,
meine Liebe, meine Religion, meine Poesie und meine
Philosophie sind Ausdruck der Ehrfurcht vor der Er-
habenheit der Schöpfung.

* * *

Was ist Gott, wenn nicht die elementarste Kraft und
Logik, die das Universum zusammenhält? Wie können
wir ohne den Glauben an eine solche Logik existieren? Die Gottesidee ist für mich unentbehrlich. Wohl
kaum wäre Gott im Verlauf der Geschichte so oft erfunden worden, hätte nicht tatsächlich ein großes Bedürfnis nach Ihm existiert.

* * *

Das einzige Ziel der Evolution der Menschheit ist es,
uns näher zu Gott zu bringen, Ihm zum Ebenbild zu
werden – ein jeder wie es seiner eigenen Natur ent-
spricht. Dies ist der Weg zu unserer Vollkommenheit
und zur Erfüllung unserer kosmischen Aufgabe.

* * *

Der Mensch wurde erschaffen, die Unermeßlichkeit des Universums und des Unendlichen zu fühlen und ihm zu dienen – das heißt, den Willen Gottes zu erfüllen.

* * *

Wir leben im Universum und sind daher universelle Geschöpfe. Unser Ziel muß es sein, unsere evolutionäre Verfeinerung zu vollständig transzendierten kosmischen Wesen zu verfolgen. Vielleicht sind wir eine der höchstentwickelten Lebensformen im ganzen Universum. Es ist unsere Pflicht gegenüber dem Universum, dem wir alles verdanken, unsere kosmische Bestimmung zu erfüllen. Doch leider haben wir noch nicht einmal den Versuch unternommen, diese Bestimmung genauer zu verstehen.

* * *

Am Ende gleicht sich alles an und fließt in den großen heraklitischen Strom der Geschichte und Evolution. Kein Staat, keine politische Gruppierung, keine Macht, kein Reichtum, keine Ideologie wird ewig bestehen. Und doch glauben alle, sie seien unvergänglich. Aber nur die Erde und die Menschheit werden fortbestehen.

* * *

Wir sind der Weg zu einer universellen Symphonie und Harmonie.

* * *

Stell dir selbst die Frage:
»Möchte ich auf die Erde zurückkehren, um noch einmal zu leben?«
Die Antwort wird ein erhellendes Licht auf dein Leben werfen.

* * *

Der Gedanke an den Tod erfüllt uns mit Angst. Betrachtet man jedoch sein Leben als einen Dienst, als
einen Beitrag zum Aufstieg und zur Evolution des
Menschen, als einen Teil des steten Wandels, in dem
sich das unergründliche Universum befindet, dann ist
der Tod nichts als ein Übergang, eine Transformation,
ein Wechsel der Daseinsform.

* * *

Zu suchen genügt nicht. Wir müssen auch finden.

* * *

Der Glaube an unsere weitere Entwicklung ist der
Schlüssel zum Erfolg der Menschheit. Dieser Glaube
ist absolut unerläßlich.

FRIEDENSARBEIT

Die Vorstellung, Krankheit sei der normale Zustand
des Menschen, haben wir endlich ersetzt durch ein
Konzept vom gesunden Menschen. In ähnlicher Weise
muß die Vorstellung, Krieg und kontroverse Stand-
punkte seien der Normalzustand der gesamten
Menschheit, überwunden und durch ein Friedenskon-
zept ersetzt werden.

* * *

Meine dringlichste Empfehlung zur Erhaltung des
Friedens lautet: Friede sollte zuallererst in der Familie
gelehrt und gelebt werden, denn aus ihr gehen alle zu-
künftigen Erwachsenen, Erzieher und politischen Führer hervor.

* * *

Friede ist kein isoliert zu betrachtendes Phänomen:
Hunger, Unterdrückung, Ungerechtigkeit, Arbeitslo-
sigkeit und Hoffnungslosigkeit sind Ursachen für Konflikte. Diesen Konfliktursachen entgegenzuarbeiten,
ist echte Friedensarbeit.

* * *

Den Frieden zu lieben, genügt nicht. Ebenso brauchen wir auch eine Vision vom Frieden, eine Friedensforschung, Friedensstrategien und Maßnahmen zur Erhaltung des Friedens.

* * *

Ihr Staatsoberhäupter der Welt, ihr habt kein Recht, diesen Planeten zu zerstören, denn ihr habt ihn nicht erschaffen.
Ihr Staatsoberhäupter der Welt, ihr habt kein Recht, die Menschheit zu vernichten, denn ihr habt sie nicht erschaffen.
Ihr Staatsoberhäupter der Welt, ihr habt kein Recht, mich in den Tod zu schicken, denn ihr habt mich nicht erschaffen.
Niemand hat den atomaren Großmächten das Recht gegeben, über unser Schicksal zu entscheiden. Wer sind sie überhaupt, daß sie sich – um ihrer politischen Interessen und ihrer Macht willen – anmaßen, die Existenz Unschuldiger zu gefährden?

* * *

Jeder wünscht sich eine bessere Welt. Doch wer ist schon bereit zu akzeptieren, daß es wichtiger ist, sich als Mensch zu definieren, denn als Amerikaner, Russe, Araber, Jude, Katholik oder Protestant? Und doch – es wird erst dann eine bessere Welt geben, wenn die Menschen diesen Schritt zur Wahrheit vollzogen haben.

* * *

Seit es die Vereinten Nationen und ihre Richtlinien zur Lösung von Konflikten gibt, ist kein Krieg mehr ein berechtigter Krieg.

* * *

Das Wettrüsten ähnelt der Wirtschaft: Man hört die gelehrtesten, intelligentesten und die kompliziertesten Verlautbarungen und Theorien, doch im Grunde genommen sind sie *alle falsch*. Diese gelehrten Köpfe täten besser daran, ihre Kräfte in den Dienst unseres Planeten zu stellen.

* * *

Ich träume von einer Universität, deren Lehrstühle nach bekannten Friedensstiftern benannt sind.

* * *

Ganz sicher muß die Zeit kommen, da die Welt ebenso viel für den Frieden ausgibt, wie heute für den Krieg.

* * *

Waffen töten – auch wenn sie nicht zum Einsatz kommen. Sie sind schuld am Tod von Kindern, die man hätte retten können, wäre das Geld für ihre Ernährung und Pflege und nicht für Waffen ausgegeben worden.

* * *

Der entrüstete Aufschrei gegen Ungerechtigkeit ähnelt in gewisser Weise dem Schmerzempfinden des menschlichen Körpers: beide weisen auf eine Funktionsstörung des Systems hin.

* * *

Friede ist nicht lediglich eine Zeit ohne Krieg. Friede ist eine menschliche Tugend und eine Gesinnung, die jeder Mensch innehaben und ausstrahlen kann. Friede als Nicht-Krieg zu verstehen, zeugt von einem ziemlich mangelhaften Begriffsverständnis – und doch, welch riesigen Schritt nach vorne würde ein so verstandener Friede bereits bedeuten.

* * *

Der Weltfriede ist die Gesamtsumme des Friedens zwischen allen Individuen.

* * *

Zuerst müßt ihr eure Gedanken abrüsten.

* * *

Kein Staat oder eine andere menschliche Gemeinschaft wird jemals lange an der Macht bleiben. Macht provoziert Neid, Rivalität und Bündnisse der Gegner – denken Sie an die Geschichte von Gulliver und den Lilliputanern... Macht führt auch zu internen Auflösungserscheinungen, denn sie bringt Parasiten hervor, die sich an ihrer Substanz nähren. Das wesentliche

Problem der Zukunft wird es sein, weltweit eine friedliche und glückliche menschliche Gemeinschaft zu erschaffen und zu bewahren. Das ist der Lauf der Geschichte, der die gegenwärtigen politischen Strukturen der Welt erschüttern wird. Die Spiele der Nationalstaaten werden bald ein Ende haben.

* * *

Ein Indianerhäuptling sagte einmal zu mir: »Die Menschheit ist eine Nation mit vielen Stämmen.« In der Tat sollten wir nur die gesamte Menschheit als eine Nation bezeichnen: die Nation der Menschen. Alle anderen Nationen sollten wir als Stämme betrachten. Die Vereinten Nationen müssen zu der Vereinten Nation werden.

* * *

»Das Schwert wird stets vom Geist besiegt werden.«

Napoleon

* * *

Ein aufrichtiger Atheist ist mir lieber als ein bigotter, religiöser Eiferer, der bereit ist, für seine Religion in den Krieg zu ziehen.

* * *

Für Gott und die Menschheit –
Nicht für Gott und mein Vaterland.

* * *

Was ist wichtiger, das Leben oder die Nationalität?
Nimmt man mir meinen Paß weg, habe ich noch immer mein kostbares Leben.
Nimmt man mir mein Leben, kann man meinen Paß in die Mülltonne werfen.
Folglich ist mein Leben viel wichtiger, als meine Nationalität.

* * *

Vor einhundert Jahren beschrieb Madame de Staël drei Hauptgründe, weshalb Männer in den Krieg ziehen: Freiheits- und Vaterlandsliebe, Streben nach Ruhm und Ehre und religiöser Fanatismus. Heutzutage ist der zweite Beweggrund nicht mehr gegeben: Niemand kann mehr im Krieg Ruhm und Ehre ernten. Religiöser Fanatismus existiert zwar immer noch, doch nicht mehr in dem Maße wie früher. Die stärksten Beweggründe sind heute noch immer Freiheits- und Vaterlandsliebe. Man könnte jedoch zwei neue Motive hinzufügen: Gerechtigkeitsliebe und ideologischer Fanatismus.

* * *

Käme jemand auf den Gedanken, ein Institut für eine vergleichende Untersuchung des Kommunismus' und des Kapitalismus' zu gründen, ein Protestschrei aus beiden Lagern wäre gewiß: »Aber das ist unmöglich! Wir sind im Besitz der absoluten Wahrheit. Wenn alle sich uns anschließen, werden wir Frieden und Glückseligkeit auf Erden erreichen.« Natürlich! Dies behaupteten auch die religiösen Fanatiker und brachten sich jahrhundertelang im Namen der unfehlbaren und absoluten Wahrheit gegenseitig um. Zum gegenwärtigen Zeitpunkt der menschlichen Evolution sollten wir einer derart naiven Sichtweise entwachsen sein und sie ablehnen. Die Führung dieser Erde und ihrer Milliarden von Bewohnern ist unendlich viel komplexer, als es sich die Theoretiker des Sozialismus und Liberalismus vor hundert Jahren vorzustellen vermochten. Würden sie in das 20. Jahrhundert wiedergeboren, sie wären die ersten, die ihre Theorien als unbrauchbar über Bord werfen würden.

* * *

Wir sollten Gott danken, daß wir den Sozialismus haben, der uns an den Traum der Menschheit von der Gleichheit aller gemahnt, und daß wir das System der freien Marktwirtschaft haben, das uns an den Traum der Menschheit von der Freiheit gemahnt. Weshalb können sie nicht gemeinsam, Seite an Seite zum Wohle aller wirken?

* * *

Ein Planet, auf dem 2500mal mehr für Aufrüstung als für Friedensarbeit ausgegeben wird, auf dem so wenig Mittel für Erziehung und Gesundheit zur Verfügung stehen, ist kein gutgeführter Planet. Für die Führung des Planeten haben die Regierungen eine Sechs verdient.

* * *

Die seltsamsten aller sozialen Gebilde, die je erfunden wurden, sind Staaten. Und gerade heute, in einer Zeit, in der ihre Existenz widernatürlich und hinderlich ist, sind sie am mächtigsten.

* * *

Sei nicht schwarz oder weiß,
sei in erster Linie Mensch.
Sei nicht Katholik oder Jude,
sei in erster Linie Mensch.
Sei nicht Amerikaner oder Russe,
sei in erster Linie Mensch.
Sei nicht Europäer oder Asiate,
sei in erster Linie Mensch.
Sei nicht Kommunist oder Kapitalist,
sei in erster Linie Mensch.
Noch nie in der Geschichte war es so wichtig,
Mensch zu sein.

Denn nur als Menschen
können wir diesen Planeten retten.

* * *

Unser Jahrhundert ist *kein* Zeitalter der Vernunft. Wie könnte es dies auch sein – in Anbetracht seiner Atombomben, seiner Konflikte, seines Hasses, seiner Armut, seiner sterbenden Kinder, seines Hungers, seiner zahllosen unnützen und arbeitslosen Menschen? Es sollte vielmehr das Jahrhundert des weltweiten Schreckens genannt werden.

* * *

Ich fragte einmal einen jungen Mann: »Sind Sie ein Mensch?« Er erwiderte: »Natürlich bin ich das!« »Nein«, entgegnete ich. »Sie sind ein nationales Wesen, denn wenn Ihnen morgen Ihr Land befiehlt, Menschen zu töten, werden Sie es tun. Folglich sind Sie zu allererst ein nationales Wesen und kein Mensch.«

* * *

Es ist erschütternd, daß zwei unzeitgemäße, auf Reichtum und Macht basierende Ideologien zu einem derart kritischen Zeitpunkt unserer kosmischen Evolution das Weltgeschehen bestimmen.

* * *

Der peruanische Botschafter Belaunde sagte einmal: »Gibt es ein Problem zwischen zwei kleinen Staaten, verschwindet das Problem. Gibt es ein Problem zwischen einem großen und einem kleinen Staat, verschwindet der kleine Staat. Gibt es ein Problem zwischen zwei großen Staaten, verschwinden die Vereinten Nationen.«

* * *

Als die Unruhen in Bangla-Desh ausbrachen, antwortete der Botschafter von Pakistan auf eine Erklärung Indiens mit dem Ausruf: »Was Sie Selbstbestimmung nennen, nennen wir Verrat!« Wie oft haben wir es mit Menschen zu tun, die von der einen Seite als Patrioten, von der anderen Seite als Verräter bezeichnet werden! Dies wird nur dann ein Ende haben, wenn sich die Menschheit als eine Familie betrachtet, sich unter einer Regierung organisiert und zu einer einheitlichen Rechtsgrundlage, zu einer gemeinsamen Weltgesinnung und gemeinsamen ethischen Grundsätzen findet. Die mehr als 150 nationalen Minoritäten der Erde müssen zu einer einzigen Weltgemeinschaft zusammenwachsen.

* * *

Dieser Planet gehört niemandem.

* * *

Die Regierungen der Menschen bleiben lediglich an der Oberfläche der Dinge. Kaum einmal dringen sie bis zu den Wurzeln der Probleme vor. Gelänge dies, gäbe es keinen Krieg und keine Aufrüstung auf diesem Planeten.

* * *

Die Erde und die Menschheit benötigen dringend ein weltweit einheitliches Rechtssystem und eine allgemeingültige Gesetzgebung. So ist es zum Beispiel auf

nationaler Ebene »legal«, als Soldat Menschen zu töten, doch vom Standpunkt der Menschheit aus betrachtet, ist dies Mord. Was für das gesamte Menschengeschlecht richtig und rechtens ist, muß auch auf
nationaler Ebene gelten.

* * *

Der folgende überlieferte Text trifft auch heute noch
auf Terrorismus und die internationalen Gepflogenhei-
ten der Staaten zu:
»Als Alexander der Große einen gefangengenomme-
nen Piraten fragte, woher er das Recht nehme, die
Meere unsicher zu machen, antwortete dieser kühn:
›Und woher nimmst du dir das Recht, die ganze Welt
mit Krieg zu überziehen? Ich kämpfe auf einem kleinen Schiff, und man nennt mich einen Piraten. Du
kämpfst mit einer ganzen Flotte, und man nennt dich
einen großen Eroberer.«

Hl. Augustinus: Der Gottesstaat. Buch 4.

* * *

Krieg, Gewalt und Terrorismus werden so lange fortbestehen, wie die Menschen sie hinnehmen. Der er-
folgreichen Bewegung zur Abschaffung der Sklaverei
im 19. Jahrhundert müssen andere Volksbewegungen
folgen:

Eine Bewegung zur Abschaffung des Kriegs,
eine Bewegung zur Abschaffung der Gewalt,
eine Bewegung zur Abschaffung des Terrorismus'.

* * *

95

Die Menschen sollten Regierungen, die töten oder Gewalt anwenden, die Macht entziehen.

* * *

Jeder Mensch auf Erden sollte täglich seine Arbeit zumindest für ein paar Sekunden unterbrechen und über den Frieden nachdenken. Allein dies würde schon den Lauf der Welt verändern.

* * *

Wir sind gegenwärtig Zeugen einer Wandlung der ethischen Werte der Menschheit, die das Führen von Kriegen moralisch nicht länger rechtfertigen. Die Auswirkungen werden von größter Tragweite sein.

* * *

Je größer die gegenseitige Abhängigkeit in der Welt, desto geringer das Risiko eines Krieges. Internationale Handelsverbindungen und -beziehungen sind daher äußerst wichtige Friedensstifter.

* * *

»Wo Liebe ist, ist auch Frieden.«
Von U Thant oft zitiertes burmesisches Sprichwort

* * *

Vor allem von zwei Dingen wollen uns die Reichen und Mächtigen entfremden: von der Natur und von unserer Seele, denn beide sprechen vom Frieden und dem einfachen Leben.

* * *

Friede ist nicht nur um uns, sondern auch in uns – in der innersten Tiefe unserer Seele. Individueller Friede ist daher das Ergebnis einer individuellen Spiritualität; der Weltfriede ist das Ergebnis einer Welt-Spiritualität.

* * *

Alles Leben fließt. Deshalb muß auch ich friedvoll, wie das Wasser fließen, und nicht starr wie ein Fels sein.

* * *

Friedensstifter erfüllen eine avantgardistische kosmische Aufgabe. Sie sind die vollkommenen Werkzeuge und die Erfüllung der göttlichen Schöpfung. Dies ist der Grund, weshalb sie in allen Religionen als heilig und unsterblich verehrt werden.

* * *

Alle Menschen treffen sich auf den tieferen Ebenen des Gebets und in der gemeinsamen Erfahrung Gottes. Deshalb kann nur eine Welt-Spiritualität die Menschheit aus ihrem Dilemma erretten.

* * *

So viele unwichtige Dinge werden uns als wichtig vermittelt, daß wir schließlich gänzlich vom eigentlichen Sinn des Lebens abschweifen: der Gemeinschaft mit Gott, mit der Natur, mit unseren Mitmenschen, mit dem Jenseits und der Ewigkeit. Unsere göttliche Berufung wird von Lärm, Unwahrheiten und den unnützen Geschäftigkeiten des Lebens erdrückt. Wir müssen dagegen aufbegehren und unsere göttliche Berufung und unsere Bedeutung im Universum behaupten.

* * *

Solange wir uns nicht den Gesetzen Gottes unterwerfen, wird es auf diesem Planeten weder wahre Gerechtigkeit noch Friede oder Glück geben. Die Religionen sind dabei gar nicht so wichtig, denn sie zeigen lediglich verschiedene Wege, die zu derselben fundamentalen Wahrheit und zu Harmonie führen. Wir müssen die Erde wieder unter die schützende Hand Gottes stellen.

* * *

Wir müssen eine Vollbeschäftigung der zahllosen Heiligen und guten Geister erstreben, die auf diesem Planeten weilen. Ihr Wunsch ist es, uns zu helfen, die Mächte des Bösen zu besiegen, doch wenn wir sie nicht rufen, sind sie machtlos.

* * *

Die Gesellschaft kann das Leben des einzelnen gar
nicht hoch genug schätzen.

* * *

Im entscheidenden Kampf um diesen Planeten zwischen den Mächten des Bösen und den Mächten des
Guten kann niemand neutral bleiben.

DAS GLOBALE ZEITALTER

Die längste Zeit in unserer Geschichte glaubten wir
Menschen, die Erde sei der Mittelpunkt dieser Welt.
Dann stellten wir fest, daß nicht die Sonne um die
Erde, sondern die Erde um die Sonne kreist. Also
dachten wir, die Sonne sei das Zentrum des Universums. Dann stellten wir fest, daß die Sonne nur ein
kleiner Stern ist, der sich um eine der Achsen einer
Milchstraße bewegt. Und schließlich wurde nachgewie-
sen, daß sich unsere Milchstraße um den Pol einer
ganzen Gruppe von Galaxien dreht, die sich ihrerseits
wiederum um den Pol eines expandierenden Universums bewegt. Wie klein und unbedeutend wir geworden sind! Die Wissenschaftler erklären uns des weiteren, daß Zeit, Entfernung, Geschwindigkeit, Masse
und Energie relativ sind. Doch wenn dem so ist, dann
sind wir vielleicht gar nicht so klein und unbedeutend.
Möglicherweise ist die Erde sogar der einzige belebte
Planet in einem Universum aus Feuer, Gaswolken,
Atomexplosionen und interstellarem, leerem Raum.
Unsere Lebensbedingungen im Universum sind möglicherweise einzigartig: die ideale Entfernung von der
Sonne, um einerseits nicht zu verbrennen und ande-

rerseits nicht zu erfrieren, die richtige Masse, um das Wasser und die Atmosphäre zu erhalten, die genau richtige Rotationsgeschwindigkeit und Umlaufbahn, die geeignete atomare Dichte und chemische Zusammensetzung. Möglicherweise ist die Erde also doch der Mittelpunkt der Welt, ein einzigartiger, wunderbarer Planet, auf dem das besondere Augenmerk unseres Schöpfers ruht. Welche Verantwortung würde dies für uns bedeuten! Welchen Wandel im Denken, welche drastische Korrektur der Interessenschwerpunkte, der politischen Linie, der Verhaltensweisen unserer politischen Führer würde dies erfordern! Wieviel Dankbarkeit und Stolz, welch eine Intensivierung unseres religiösen Empfindens würde dies mit sich bringen!

* * *

Leibniz hatte recht mit seiner Voraussage, daß wir jahrhundertelang derart intensiv mit der Wissenschaft und der Technik beschäftigt sein würden, daß uns jeder Sinn für das Universelle verloren ginge. Doch die Zeit, da sich die Menschheit – verwirrt von der Komplexität ihres Wissens – erneut nach einer universellen Synthese und Sichtweise sehnt, sollte wiederkommen. Und diese Zeit ist nun angebrochen.

* * *

Eine neuerlich weit verbreitete Darstellung der gesamten Geschichte unseres Planeten ist ihre Reduzierung

auf einen Zeitraum von einem Tag. Dergestalt veran-
schaulicht ereignet sich die Geburt des Menschen-
geschlechts fünf Minuten vor Mitternacht, und der Beginn der industriellen Zivilisation fällt mit dem ersten
Schlag der Uhr um Mitternacht zusammen. Eine andere Betrachtungsweise wäre die, daß wir noch immer
zwei lange Tage vor uns haben, und daß der erste
Schlag der Uhr um Mitternacht in Wirklichkeit das
globale Zeitalter einläutet.

* * *

Fälschlicherweise sagen wir: Wir leben auf diesem Planeten. Doch eigentlich müßten wir sagen: Wir sind
Teil dieses Planeten;
mit Fleisch und Blut, mit Leib und Seele,
mit Herz und Verstand, im Leben wie auch im Tod.
Wir sind Teil dieses Universums für alle Ewigkeit.

* * *

Eines Tages, während ich eine Rede hielt, hatte ein
junger Mann vor mir eine kosmische Uhr aufgebaut,
die die Geschwindigkeit anzeigte, mit der sich die
Erde um die eigene Achse dreht, mit der sie sich um
die Sonne und mit der sie sich um das Zentrum der
Milchstraße bewegt. Als ich meinen Vortrag beendete,
konnte ich sehen, wie viele Millionen von Kilometern
unser kleiner Himmelskörper, während ich gesprochen
hatte, im unermeßlichen Universum zurückgelegt
hatte.

* * *

Eine Weltfamilie von einigen Milliarden Menschen auf einem kleinen Planeten im unergründlichen Universum, im ewigen Strom der Zeit zu bilden – hierin liegt die zentrale und wesentliche Aufgabe einer Weltregierung von morgen.

* * *

Jedem Menschen auf der Suche nach Antworten würde ich empfehlen, seine Bemühungen – ihren Ausgangspunkt und ihr Ziel – auf vier Bereiche zu konzentrieren:

das gesamte Universum
die gesamte Zeit
die gesamte Erde
die gesamte Menschheit.

* * *

Wir haben in jüngster Zeit große Fortschritte gemacht, was die Berücksichtigung der Interessen und Belange unseres Planeten, der Erde, angeht. Ähnliche Fortschritte sind nötig hinsichtlich der Interessen und Belange der gesamten Menschheit, der Bewohner dieses Planeten.

* * *

Vielleicht kommt in der Evolution des Universums einmal der Zeitpunkt, da eine Spezies die meisten der Geheimnisse ihrer Umwelt enträtselt hat und sich anschickt, die Meister und Herrscher eines Planeten zu werden. Es scheint, wir haben diese Stufe unserer Evolution erreicht.

* * *

Außer einem Weltföderalismus und einer Weltregierung brauchen wir zuerst und vornehmlich eine Weltdemokratie, eine Führung des Planeten durch die Menschen und für die Menschen. Doch diese Aufgabe ist derart gigantisch und beispiellos, das bisher nur wenige politische Denker gewagt haben, eingehend darüber nachzudenken. Ihnen fällt es offenbar leichter, über die Zahl und Sprengkraft von Raketen zu diskutieren, die für den Schutz eines bestimmten nationalen Territoriums benötigt werden. Da die Regierungen und Institutionen jene Aufgabe zu langsam und nur widerstrebend angehen, müssen wir mit Hilfe von Engagement und Tatkraft des einzelnen die Weltgemeinschaft aufbauen.

* * *

Die höchste Weisheit, deren wir zum gegenwärtigen Zeitpunkt unserer Entwicklung bedürfen, ist eine »Welt-Weisheit«, nämlich die Fähigkeit, zwischen dem zu entscheiden, was gut und was schlecht für die Menschheit ist. Wir brauchen Philosophen an der Spitze von Staaten und Institutionen.

* * *

Warnung an alle Staaten:

Die Menschen werden sich zu einer Familie zusammenschließen, was immer ihr auch darüber denken oder dagegen unternehmen werdet.
Niemand kann die Evolution aufhalten.

* * *

Dies ist ein guter Planet für die Menschen, denn er bietet genügend Raum für die Befriedigung der menschlichen Neugier und für die Mitwirkung am Prozeß der stets fortschreitenden Evolution und Schöpfung. Die größte Aufgabe, die sich uns stellt, ist zu entscheiden, wie die richtige Zukunft für uns aussehen soll.

* * *

Dieser Planet muß in einer Weise geführt werden, daß jedes individuelle Menschenleben ein Kunstwerk werden kann.

* * *

Globale Erziehung und globale Kommunikation sind der Nährboden, aus dem die Voraussetzungen für den Eintritt in die globale Phase der Evolution erwachsen. Kosmische Erziehung und kosmische Kommunikation harren bereits darauf, unseren nächsten Schritt vorzubereiten.

* * *

Wir müssen herausfinden, wie die Regeln und Gesetze des Universums auf unseren Planeten zutreffen.

* * *

Nur die Einigkeit aller kann zum Wohlergehen aller führen.

* * *

Heute werde ich erneut von Europa nach Nordamerika fliegen. Doch es wird dieselbe Sonne – derselbe Quell des Lichts, der Energie und des Lebens – sein, die ich am Himmel bewundern werde. Wenn wir nur einmal einen Blick von der Sonne auf unseren Planeten werfen könnten!

* * *

Kein Land liegt im hintersten Winkel der Erde, denn die Erde ist rund und hat keine Winkel.

* * *

Wenn wir doch die Schönheit unseres Lebens, unseres Planeten und der gesamten Menschheit ebenso betrachten könnten, wie wir die Schönheit eines Berges betrachten: mit einem Blick für seine ganze Erhabenheit und nicht für seine Unebenheiten.

* * *

Die Hauptursache für das politische Durcheinander auf diesem Planeten ist falsche Erziehung. Menschen mit einem begrenzten Vorstellungsvermögen können nur begrenzte Lösungen erreichen. Doch wir brauchen auf diesem Planeten jede Menge von Leuten, deren Vorstellungsvermögen unsere ganze Welt umfaßt. Wenn man Ihrem Kind erzählte, Westchester County sei der Nabel der Welt und alles andere da draußen sei nicht so wichtig, würden Sie mit Recht ärgerlich protestieren. Und doch wird den meisten Kindern auf diese Weise ihre nationale Zugehörigkeit anerzogen.

* * *

Wer einmal ein Bild dieses Planeten aus der Sicht des Weltraums gesehen hat, wird nie mehr der gleiche Mensch sein.

* * *

Es ist doch merkwürdig: Wohl kaum jemand käme auf den Gedanken, sich eine Familie, eine Stadt, eine Schule, eine Firma, eine Fabrik, einen Bauernhof, eine Institution, eine Glaubensgemeinschaft oder einen Staat ohne Vorstand, Leiter, Direktor, Chef, Geschäftsführer, Präsidenten oder Regierungsoberhaupt vorzustellen. Doch daß die Welt ohne Führung ist, damit finden wir uns ohne weiteres ab. Wir brauchen uns daher gar nicht zu wundern, daß es auf diesem Planeten so viele Kriege, Gewalttaten und Krisen gibt.

* * *

Ich wünschte mir, auf unserem Planeten gäbe es nicht
so viele »besondere Menschen«, die sich benehmen,
als seien sie besser als ihre Mitmenschen, und die vor-
geben, sie befänden sich – dank ihrer besonderen Be-
ziehung zur Natur, zu Gott, zu religiösen Schriften
oder zu sozialen Reformern – im alleinigen Besitz der
letzten und endgültigen Wahrheit. Würden wir im
Universum einen zweiten Planeten mit so vielen »endgültigen Wahrheiten« wirtschaftlicher, sozialer oder
religiöser Art entdecken, wir würden seine Bewohner
für verrückt erklären und ihnen empfehlen, ihre Welt
erst einmal in Ordnung zu bringen. Weshalb beginnen
wir damit nicht auf unserem eigenen Planeten?

* * *

Nach dem Peking-Menschen, dem Neandertaler, dem
Cro-Magnon-Menschen und dem Höhlenmenschen
sind wir Zeuge der Entstehung des Globalen Menschen.

* * *

Die wirklich unterentwickelten Menschen auf diesem
Planeten sind diejenigen, die kein Welt-Bewußtsein
besitzen.

* * *

Auf wissenschaftlichem und technologischem Gebiet
ist die Erde sehr hoch entwickelt, doch auf politischer,
moralischer, emotionaler und spiritueller Ebene ist un-

ser Planet unterentwickelt. Auf diesen Gebieten sollten wir Prioritäten setzen. Welche Wunder könnten wir vollbringen, würden wir ihnen unsere Intelligenz und Phantasie widmen.

* * *

Könnte unser Planet sprechen, würde er zu uns sagen:

»Ihr Menschen bringt mich zum Lachen. Seit viereinhalb Milliarden Jahren ziehe ich nun schon meine Bahn durch das Universum, und ich habe seither viele Umwälzungen in meinem Leib erlebt: Ich habe Kontinente untergehen und Ozeane verschwinden sehen; ich habe Gebirge entstehen und Eiszeiten kommen und gehen sehen; ich habe gesehen, wie die Atmosphäre, die Vegetation und das Leben entstanden, wie sich Arten entwickelten und wieder verschwanden. Ihr existiert erst seit zwei oder drei Millionen Jahren, und die meiste Zeit davon habe ich euch in völliger Unwissenheit über meinen Körper kriechen sehen. Erst vor ein paar hundert Jahren habt ihr begriffen, daß ich rund bin und wesentlich älter, als nur ein paar tausend Jahre. Ich habe euch genau beobachtet, und ich möchte euch folgendes sagen: Ihr werdet gar nichts erreichen, wenn ihr nicht endlich begreift, daß ich noch einige Milliarden Jahre mehr existieren werde, daß mein Körper noch etliche klimatische Veränderungen durchzustehen hat, daß ihr mich – zu eurer eigenen Freude und zu eurem eigenen Besten – als Basis für euer Überleben erkennen und mit Sorgfalt und Aufmerksamkeit behandeln und verwalten solltet, daß ihr lernen müßt zu empfinden, wie ich empfinde, und – wie ich – euren Blick auf die Sonne, das Universum, die Unendlichkeit und die Ewigkeit zu richten, vor deren Unermeßlichkeit ich nur ein winziges Staubkorn bin. Nachdem ihr schließlich das Zeitalter der Höhlenmenschen, das Zeitalter der Stammesgemeinschaften, die Epochen des Feudalismus und des Nationalismus überwunden habt, tretet ihr nun endlich in *mein* Zeitalter ein: in das globale Zeitalter. Doch euer Ziel ist noch weiter gesteckt, denn ihr werdet auch in das kosmische Zeitalter vordringen müssen, um den für euch bestimmten Platz innerhalb des gesamten Universums und innerhalb der Zeit zu erkennen. Dies wird der nächste Schritt auf eurem wunderbaren Weg sein.«

* * *

Im gleichen Maße, in dem unser globales, universales, spirituelles und kosmisches Bewußtsein wächst, wird die Zahl der Auseinandersetzungen und Kontroversen abnehmen. Der bei weitem größte Beitrag, den der einzelne zur Erhaltung des Friedens leisten kann, ist seine Wandlung zu einem globalen, universalen, spirituellen und kosmischen Wesen.

* * *

Eine Synthese zu finden zwischen
der Vergangenheit und der Zukunft,
Ost und West,
Nord und Süd,
Wissenschaft und Religion,
Diesseits und Jenseits –

dies ist die Hauptaufgabe unserer Generation.

* * *

In der gegenwärtigen Phase unserer Entwicklung sind
wir mit der Erschaffung einer ganzen Reihe von weltumspannenden Gemeinschaften beschäftigt:

einer weltumspannenden Gemeinschaft des Wissens,
einer weltumspannenden Gemeinschaft des Gewissens,
einer weltumspannenden Gemeinschaft
der Anteilnahme,
einer weltumspannenden Gemeinschaft der Fürsorge,
einer weltumspannenden Gemeinschaft der Liebe,
einer weltumspannenden Gemeinschaft des Handelns.

In einem dieser Bereiche bietet sich jedem von uns
die Gelegenheit, einen aktiven Beitrag zu leisten.

* * *

Wenn die Menschheit ihre materiellen Probleme, ihre
intellektuellen und ihre moralischen Probleme gelöst
haben wird, wird sie sich schließlich mit der funda-
mentalsten aller Fragen konfrontiert sehen: mit der

Suche nach unserer wahren geistigen Heimat, mit der Frage nach unserem wahren Platz im Universum und in der Zeit. Dies wird den Anbruch des kosmischen Zeitalters auf unserem wunderbaren Weg kennzeichnen, und erst dann werden wir die wahren Antworten auf all unsere Fragen und Probleme erhalten.

* * *

Die Erde kreist um die Sonne und gehorcht damit den unabänderlichen Gesetzen der Natur. Ebenso bewegen sich die Galaxien gemäß ehernen Gesetzen um die Achse des Universums. Das gesamte Universum funktioniert im Einklang mit den kosmischen Gesetzen. Sollten wir da nicht annehmen, daß auch von uns erwartet wird, in Harmonie mit den festgefügten Gesetzen des Kosmos' zu leben? Oder glauben wir, wir seien frei, zu handeln wie es uns beliebt? Doch dies kann gewiß nicht als Freiheit bezeichnet werden, sondern es ist ein Handeln wider die Gesetze der Natur, dessen Folge nur unser Untergang sein kann. Schöne, wohltuende Musik setzt das Suchen nach den Gesetzen der Harmonie voraus, ebenso wie eine gute und befriedigend funktionierende menschliche Gesellschaft das Suchen nach den Harmoniegesetzen des Universums voraussetzt. Dies wird die Aufgabe einer gesamtkosmischen Regierung der Zukunft sein.

* * *

Intellektuelle Eigenschaften sind höher zu bewerten als körperliche Eigenschaften; moralische Eigenschaften sind höher zu bewerten als intellektuelle Eigenschaften; geistig-seelische Eigenschaften besitzen den höchsten Wert von allen.

Diese Wahrheit finden wir auch im täglichen Leben bestätigt: Ein Mensch, der einen gesunden Körper und einen gesunden Verstand besitzt, ist dem überlegen, der nur einen gut trainierten Körper besitzt. Und ein Mensch, der außer einem gesunden Körper und einem wachen Verstand auch noch moralisches Empfinden besitzt, ist dem, der letzteres nicht hat, ebenfalls überlegen. Der vollkommenste Mensch ist jedoch der, der einen gesunden Körper, einen wachen Verstand und ein mitfühlendes Herz besitzt und der in geistiger und seelischer Gemeinschaft mit Gott und dem Universum lebt. Dasselbe trifft auf jede soziale Gruppierung zu – angefangen bei der Familie bis hin zur gesamten Menschheit. Gegenwärtig ist die Familie der Menschheit noch sehr unvollkommen, denn:
– es ist ihr bisher nicht gelungen, das rein physische Überleben aller viereinhalb Milliarden Menschen zu gewährleisten: 500 Millionen Menschen leiden noch immer an Hunger;
– es ist ihr bisher nicht gelungen, intellektuelle Chancengleichheit zu gewährleisten: 1 Milliarde Menschen sind noch immer Analphabeten;
– es ist ihr bisher nicht gelungen, die Erde zu einem

Ort moralischer und ethischer Gesinnung zu machen:
noch immer gibt es zu viele Kriege, zu viel Ungerechtigkeit, Ungleichheit, Gewalt, Haß, Lüge, Unehren-
haftigkeit, manipulierte Information und falsche Erziehung;
– es ist ihr bisher nicht gelungen, die Erde zu einem
Ort der Spiritualität zu machen: noch immer reduzie-
ren wir alles auf seine irdischen Belange, und nur selten richten wir unseren Sinn, unsere Herzen und See-
len auf das Universum und den ewigen Strom der
Zeit. Die Erde muß erst noch der Planet Gottes werden.

* * *

Der Traum, unseren wahren Platz im Universum zu
erkennen, überwindet alle Grenzen. Er verbindet alle
Menschen der Welt. Daher das Bedürfnis nach einer
globalen Philosophie und Spiritualität.

* * *

Wir müssen das althergebrachte Wissen mit dem
neuen gesamtglobalen Wissen, das in den Vereinten
Nationen gewonnen wurde, vereinen. Als ich noch ein
junger Beamter in Diensten der UNO war, verbesser-
ten meine Vorgesetzten das Wort »Welt«, wenn es in
meinen Schriften vorkam, und ersetzten es durch »in-
ternational«. Inzwischen sind die in der UNO am häu-
figsten verwendeten Worte: »Planet«, »Erde«, »gegenseitige Abhängigkeit«, »planetarisch«, »gesamtglobal«

und »weltweit«. Der Gesichtskreis der Menschen hat sich seit damals erheblich erweitert, und doch vermisse ich im Wortschatz der Weltorganisationen noch immer Begriffe wie »kosmisch«, »Universum«, »Gott«, »Schöpfung«, »Unendlichkeit«, »Ewigkeit«, »Seele« und »Spiritualität«.

* * *

Die Menschheit sollte ihr Streben von neuem auf das Erkennen und Verstehen Gottes richten und auf das, was sein Wille als Zukunft für diesen Planeten und für unsere Existenz im endlosen Universum und im unermeßlichen Strom der Zeit ausersehen hat. Nur dann wird sich uns der Weg erschließen, auf dem wir zu Verhaltensweisen finden, mit deren Hilfe wir diesen Planeten zu einem Hort des Friedens, der Schönheit, der Gerechtigkeit und des Glücks machen können. Wir müssen das Reich Gottes auf Erden wieder errichten. Wir müssen lernen, wie kosmische Wesen zu denken, zu fühlen und zu handeln. Wir müssen herausfinden, wie die Regeln und Gesetze des Universums auf unseren Planeten zutreffen. Wir müssen bestrebt sein, der vollkommenste Planet der Schöpfung, der Planet Gottes zu werden. Das ist es, was von uns erwartet wird.

* * *

»Ihre Arbeit im Bereich weltumfassender Spiritualität scheint mir, neben der Forschung auf dem Gebiet mystischer Erfahrungen, eine der wenigen Möglichkeiten, den selbstzerstörerischen Tendenzen der Menschheit entgegenzuwirken. Wir *werden* erfahren, daß die Menschheit eine unabdingbare und untrennbare Gemeinschaft ist – entweder durch den gleichzeitigen Tod der meisten von uns in einem nuklearen Inferno oder durch den gemeinsamen Schritt von Milliarden von Menschen auf eine Bewußtseinsebene, auf der wir die heilige und mystische Vision der Einheit aller Menschen erkennen.«

* * *

Jeder einzelne Mensch, jede Institution, jede Gesellschaftsgruppierung und jede Organisation muß sich die folgende Frage stellen: Was kann ich, was können wir zu einer besseren Welt und zu einem glücklichen Zusammenleben aller Menschen beitragen? Dann erst besitzen wir ein gemeinsames Ziel und Einheit in der Vielfalt. Dann wird Friede auf Erden herrschen.

* * *

Betrachte die Welt aus globaler, weltweiter Sicht. Liebe die Welt mit globalem, weltumspannendem Herzen. Verstehe die Welt mit globalem, weltumfassendem Verstand. Werde eins mit der Welt durch einen globalen, weltdurchdringenden Geist.

* * *

Würden wir Gott nach der Zukunft unseres Planeten fragen, Er würde antworten: »Sie liegt in euren Händen.«

* * *

Die große Gnade der Schicksalsgöttin fügte es, mich in die Mitte des Weltgeschehens zu stellen, von wo ich die Menschheit und die Erde genau in dem Augenblick sehen konnte, als das Menschengeschlecht eins wurde, die Welt ein globales Ganzes, die Staaten eine Gemeinschaft, die Menschen eine Familie, in der jeder um den anderen weiß, und vom Weltall aus betrachtet, war unser Planet ein in sich geschlossenes und souveränes, winziges Raumschiff im Universum.

DIE VEREINTEN NATIONEN

Eines Tages werden die Menschen begreifen, daß die Vereinten Nationen einen großen entwicklungsgeschichtlichen Durchbruch verkörpern, einen Wendepunkt in der Evolution der Erde und des Universums.

* * *

Wollen Sie echte Richtlinien für das Leben der Menschheit finden, dann wenden Sie sich an die Vereinten Nationen und an ihre Organisationen und Hilfswerke. Von ihnen werden Sie erfahren, was zu tun ist. Die neuen Weltorganisationen vermitteln in der Tat entwicklungsgeschichtliche Indikatoren für gegenwärtige und zukünftige evolutionäre Hoffnungen.

* * *

Was mir an den Vereinten Nationen gefällt ist, daß dort selten lange über Vergangenes nachgegrübelt wird und man sich statt dessen auf die Gegenwart und die Zukunft konzentriert. Die neue, im Entstehen begriffene Weltgemeinschaft ist ohne Beispiel in der Geschichte, und ein Zurückblicken in die Vergangenheit kann nicht von großem Nutzen sein – es sei denn, um aus den Fehlern zu lernen.
Ein elfjähriges Mädchen schrieb mir: »In Anbetracht unserer Existenz in der Zeit sollten wir, glaube ich, herausfinden, welche Fehler wir in der Vergangenheit gemacht haben, unsere Fehler der Gegenwart korrigieren und versuchen, es in Zukunft besser zu machen.«

* * *

Die Schönheit, die Kultur und die mit Herz und Verstand gemeinsam geleistete Arbeit, die in den Vereinten Nationen gang und gäbe sind, können nur erstaunen und sollten niemals – wie es manche gerne möchten sogleich erkennbaren Erfolgen gemessen werden.

* * *

Margaret Mead pflegte ihre Studenten aufzufordern:
»Lernt die Vereinten Nationen kennen. Für den An-
thropologen von heute sind sie das, was in meiner Jugend Neuguinea war.«

* * *

Meteorologen warnen die Menschen vor drohend be-
vorstehenden Unwetterkatastrophen, die Vereinten
Nationen warnen die Menschheit vor drohend bevor-
stehenden globalen Katastrophen.

* * *

Ein äußerst aufschlußreiches Gebet eines Arztes an
seinen Patienten:
»Bitte hilf mir, dich zu retten.«
Dasselbe Gebet der Vereinten Nationen an die
Menschheit:
»Bitte helft mir, euch zu retten.«

* * *

Die Vereinten Nationen müssen die höchste moralische Instanz der Welt werden.

* * *

Wie jeder einfache Bauer habe ich all meine Liebe
und Sorgfalt auf einen Flecken Erde konzentriert. Auf
meinem Flecken Erde steht der Quader der Vereinten
Nationen, am Ufer des Flusses der aufgehenden
Sonne in New York.

* * *

In unserem Traum von einem vollkommenen Planeten gibt es keine Kriege, keine Gewalt, keinen Haß, keine Ungerechtigkeit, keine Drogen, keinen Alkohol, keine Waffen, keine nuklearen Gefahren, keine verpestete Luft, kein verseuchtes Wasser und keinen vergifteten Boden. Zum ersten Male in der Geschichte der Menschheit kulminieren diese Träume, auf einen gesamtglobalen Nenner gebracht, in den Vereinten Nationen. Das gleiche trifft auch für die Hindernisse und Geburtswehen zu. Was ich nicht verstehen kann, ist, weshalb die Menschen die Vereinten Nationen nicht stärker unterstützen und weshalb die Kinder dieses Planeten diesbezüglich nicht besser angeleitet werden.

* * *

Die Vereinten Nationen sind die größte Hilfsorganisation der Welt im Dienste der Menschheit; ein Umstand, der sie zu einem Werkzeug Gottes erhebt. Für die UNO zu arbeiten, bedeutet ein wahrhaft geistliches Amt zu bekleiden.

* * *

Die Welt ist auf der Suche nach einer neuen Ideologie, nach einer neuen Spiritualität und einer Vision für die Zukunft. Dies findet vor allem Ausdruck in dem Bemühen des Katholizismus, die Gerechtigkeit in seine geistige Lehre zu integrieren; in der Entwicklung einer geistigen Kultur in China durch die Integration von Wissenschaft, Materialismus und Rechtsprechung

121

in die konfuzianische Ordnung; in der Transzendenz der wissenschaftlichen und wirtschaftlichen Erfolge und des Buddhismus in Japan; in der Rückkehr Indiens zu einer kosmischen Betrachtungsweise aller irdischen und menschlichen Phänomene; in den »New-Age«-Bewegungen in den USA sowie in den Visionen eines Lebens in Harmonie auf Erden, die in den Vereinten Nationen entwickelt werden: Harmonie mit unserer Heimat Erde, Harmonie und Brüderlichkeit zwischen allen Bevölkerungsgruppen der Erde, Harmonie mit der Vergangenheit und der Zukunft, Harmonie mit dem Universum, Harmonie und Selbstverwirklichung des einzelnen, als das höchste Ziel all unserer Bemühungen.

* * *

Die Arbeit bei den Vereinten Nationen ist ganz und gar nicht enttäuschend; sie ist im höchsten Maße aufregend. Nach 36 Jahren in ihren Diensten empfinde ich mehr Enthusiasmus denn je für ihre Rolle, die sie bei der positiven Entwicklung der Menschheit übernehmen kann. So helfe mir Gott.

* * *

Als ich im Alter von zwanzig aus dem Zweiten Weltkrieg zurückkehrte, war ich ein gründlich desillusionierter und sehr pessimistischer junger Mann, der überzeugt war, der nächste Weltkrieg werde keine zwanzig Jahre auf sich warten lassen. Heute, im Alter von sechzig Jahren, nach so vielen Jahren im Mittelpunkt des Weltgeschehens, bin ich bereit, jede Wette anzunehmen, daß die Bemühungen der Menschen, die Erwartungen Gottes zu erfüllen, von Erfolg gekrönt sein werden.

* * *

»An der vordersten Front der Entwicklung der menschlichen Gesellschaft tätig zu sein, bedeutet, am Rande des Unbekannten zu arbeiten. Vieles, das getan wird, wird sich eines Tages von geringem Nutzen erweisen. Doch dies darf nicht als Entschuldigung für das Versäumnis gelten, nicht alles nach unserem besten Wissen getan zu haben – zwar im Wissen um die Grenzen, doch mit Vertrauen auf den letztlichen Erfolg der schöpferischen Entwicklung, an der mitzuarbeiten uns eine Ehre ist.«

Dag Hammarskjöld

* * *

Liebe Leser! Mit Hilfe Ihres aufrichtigen Engagements und Ihrer Mitarbeit werden wir Erfolg haben. Hier noch ein paar Ratschläge:
Knüpft ein Netzwerk der Kommunikation!
Schlagt Brücken mit jedem Brief, den ihr schreibt,
mit jedem Gespräch, das ihr führt,
mit jedem Treffen, an dem ihr teilnehmt,
um eure innersten Überzeugungen und Träume zu formulieren.

Vermittelt den anderen die Vision der Welt,
wie ihr sie euch wünscht!
Knüpft ein Netzwerk der Gedanken,
knüpft ein Netzwerk der Taten,
knüpft ein Netzwerk der Liebe,
knüpft ein Netzwerk des Geistes!
Ihr seid der Mittelpunkt eines weitverzweigten Netz-
werks von Beziehungen,
ihr seid der Mittelpunkt der Welt,
ihr seid der freie und ungeheuer wirkungsvolle Ursprung des Lebens und alles Guten!
Vermittelt dies!
Verbreitet es!
Bezeugt es!
Denkt Tag und Nacht darüber nach,
und ihr werdet sehen, daß ein Wunder geschieht:
Das Wunder der Vollkommenheit
eures eigenen Lebens.

In einer Welt der Großmächte, der Medien und der
Monopole –
in einer Welt von viereinhalb Milliarden Menschen –
ist das Schlagen von Brücken,
das Knüpfen von Kommunikationsnetzen
die neue Freiheit, die neue Demokratie,
eine neue Form des Glücks.

Robert Muller

Robert Muller, bekannt geworden durch seine Tätigkeiten bei der UNO sowie als Schriftsteller und Redner ist ein Mann von internationalem Rang. Seine Bücher und Essays wurden schon in verschiedene Sprachen übersetzt.

Der Drei Eichen Verlag wird in seiner Reihe »Politik und Spiritualität« alle Werke Robert Mullers in deutscher Sprache herausgeben. Diese neue Reihe hat zum Ziel, die Gegensätze, die sich aus den beiden Begriffen ergeben, in einem übergreifenden Dialog zusammenzufassen.

Der folgenden Liste können Sie die bisherigen Veröffentlichungen in den verschiedenen Sprachen entnehmen:
(ET = voraussichtlicher Erscheinungstermin)

MY TESTAMENT TO THE UN (World Happiness &
Cooperation);
NEW GENESIS (World Happiness & Cooperation);
THE ART OF LIVING (World Happiness & Cooperation,
ET ca. Ende 94);
THE BIRTH OF A GLOBAL CIVILIZATION (World
Happiness & Cooperation);
WHAT WAR TAUGHT ME ABOUT PEACE (World Happiness
& Cooperation);
WORLD JOKE BOOK (World Happiness & Cooperation);

Französisch

SIMA MON AMOUR (Editions Pierron);
AU BONNHEUR A L'AMOUR, A LA PAIX (Editions Pierron);

Spanisch

HACIA EL PLANETA DE DIOS (Lima, Peru);

Portugiesisch

DECIDA SE (Editora Aquariana Ltd., Brasilien);

Polnisch

NEW GENESIS (poln. Übersetzung, Instytut Wysawniczy);

Japanisch

NEW GENESIS (japan. Übersetzung, Catholic Press Center);